어느 날 갑자기 공황이 찾아왔다

최신 뇌 연구를 통한
불안, 공황 극복법

클라우스 베른하르트 지음
이미옥 옮김

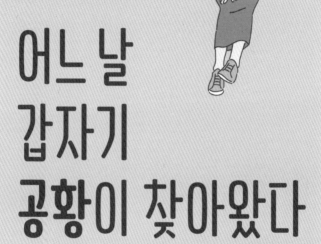

어느 날
갑자기
공황이 찾아왔다

흐름출판

추천의 글
누구나 손쉽게 시도해볼 수 있는 치료법

정신건강 전문가들은 한결같이 "완치될 수 있다"라고 말하지만, 공황과 공포장애 치료는 쉽지 않다. 그렇다고 해서 난치성이냐 하면, 그것도 아니다. 약물 치료도 효과적이고, 전통적인 정신분석의 도움을 받아 호전되기도 한다. 가장 널리 사용되는 것은 인지행동치료다. 연구 결과와 실제 임상에서의 효과를 통해서 입증된 치료법이다. 그런데 모든 치료법이 그렇듯 100퍼센트 효과적일 수는 없다. 환자마다 효과적인 치료법이 다르다. 치료사마다 선호하는 치료도 다르다. 특정 치료로 효과를 보더라도, 재발하는 사례가 적지 않다. 호전되더라도 완치에 이르지 못하기도 한다. 현실이 이렇다 보니, 기존 틀에서 벗어난, 새로운 치료법이 끊임없이 등장한다.

이 책의 저자가 소개하는 치료법 또한 전통적인 그것과는 다르다. 공포 패턴 차단, 뇌 회로의 새로운 프로그래밍을 위한 긍정 문장 10가지, 밀어내기, 슬로모션, 피칭, 반대감각 활용하기, 체현, 파워 포즈, 그리고 포커스 콘트롤. 이름만으로도 당장 적용해보고 싶은 치료 기법들이 이 책에는 친절하게 소개되어 있다.

책에 나오는 지침은 치료사의 도움 없이도 누구나 손쉽게 시도해볼 수 있다. 비용도 들지 않는다. 무엇보다 부작용이 없다. 저자의 주장에 따르면, 효과를 나타내는 데 걸리는 시간도 3-6주로 짧다. 정신과 의사인 내 관점에서 보면, 핵심 작동 원리는 심상훈련과 EMDR 치료법과 중첩되는 것으로 보인다. 전통적인 치료법과 뿌리를 공유하고 있는 것이다. 아직 연구 논문을 통해 치료 성과가 확증되지 못했다는 한계가 있지만, 충분히 시도해볼 만하다.

—정신과 전문의 김병수

들어가는 말

우리는 모두 마음속에
두려움을 안고 산다

이 책을 펼친 여러분에게 먼저 묻고 싶은 것이 있다. 출근길 지하철 안에서 갑자기 숨이 막히거나 목을 조이는 느낌을 받아 내린 적이 있는가? 회의 때마다 극심한 위경련을 느낀 적이 있는가? 시험을 앞두고 갑자기 현기증을 느낀 적이 있는가? 사람들 앞에 섰을 때 가슴이 두근거리고 눈앞이 하얘지는 경험을 해본 적이 있는가?

이 모두 공포 즉, 공황장애의 한 증상이다. 이 책에서는 공포, 공황에 대해 이야기할 것이다. 사실 공황은 심인성장애로 시작된다. 따라서 이 책은 다양한 심인성장애를 가지고 있는 사람들 모두가 읽어볼 만한 심리서이며, 나아가 공포에서 시작된 공황장애를 극복하고 싶은 사람들에게 권하고 싶은 치료

서다.

공포, 공황이 나와 상관없는 이야기라고 생각하는 사람도 많을 것이다. 그러나 우리는 모두 마음속에 두려움을 갖고 있다. 두려움은 어디서 오는가? 당연한 이야기지만 스트레스로부터 온다. 많은 사람들 앞에 서 있는 것에서, 회사에서 일하는 것에서, 싫어하는 사람과의 관계에서 스트레스를 받는다. 스트레스가 심해지면 두려움을 불러오고 이것은 공포증을 일으킨다. 공포증은 위경련이나 빈맥 같은 심인성장애로 자리 잡는다.

독일에서만 현재 1200만 명 이상이 다양한 공포증으로 고생하고 있다. 이 가운데 200만 명 이상은 공황(극심한 공포, 패닉)이 반복해서 일어나는 탓에 고통받고 있다. 이들은 가능한 한 빨리 정상적인 삶, 그러니까 공포가 엄습할지도 모른다는 두려움을 느끼지 않아도 되는 삶으로 돌아가는 것 외에는 바라는 게 없다.

수년 전 나는, 나 자신의 경험을 바탕으로 두려움과 공포에 사로잡힌 사람들을 보다 빨리 그리고 확실하게 도와줄 수 있는 방법을 찾아냈다. 이를 바탕으로 베를린에 있는 치료실에서 두려움과 공포를 치료하는 전문가로 일하고 있고, 지금 나는 독일에서 완전히 새로운 치료법을 도입한 최초의 의사로 알려져 있다. 이 새로운 치료법은 뇌 연구를 바탕으로 하는데, 독일에 알려진 표준 치료법과는 크게 다르다. 여기서 강조하고 싶은 부분은 최신 뇌 과학을 근거로 이 치료법을 개발했다는 것이다. 나는 대면치료, 호흡법, 근육이완운동이나 어린 시절의 기억을 파헤치는 치료법은 사용하지 않는다. 또한 항우울제나 진정제 같은 약품은 극히 소수의 예외적인 경우를 제외하고는 철저하게 거부한다. 그래서인지 내 치료법은 왜 다른 동료들의 치료법과 극단적으로 다르냐는 질문을 자주 받는다. 이런 경우 내가 즐겨 인용하는 알버트 아인슈타인의 말을 소개한다.

> "바보 같은 짓 가운데 그야말로 최고봉은 항상 똑같은 행동을 하면서 다른 결과가 나오기를 기대하는 것이다."

유감스럽게도 이 인용문은 오늘날 공포로 고통받는 사람들을 치료하는 대부분의 방법을 잘 설명해준다. 쉽게 말해, 전혀 효과가 없거나 그야말로 도움이 거의 안되는 치료법들이 계속 사용되고 있다. 대부분의 전문가가 뇌 연구에서 밝혀진 새롭고 놀랄 만한 지식들을 거들떠보지도 않은 채 내버려두고 있다. 새롭게 밝혀진 지식들을 이용해 보다 나은 치료 방법을 만들어내기 위해 노력하기보다는, 여전히 항우울제를 처방하는 등 수십 년이나 된 낡은 방식을 그대로 적용하고 있다.

지난 20년 동안 뇌 기능에 관해 새로운 사실들이 많이 밝혀졌다. 인체 내부를 사진으로 볼 수 있게 해주는 기술이 발달하면서 우리가 생각할 때 뇌세포에 어떤 변화가 나타나는지 관찰할 수 있게 되었다. 생각과 심리훈련Mental training(사회성, 감정 능력, 인지 능력, 자의식 등을 높이고 강화시키고자 하는 목적을 가진 다양한 심리학적 방법이다. - 옮긴이 주)이 어떤 반응을 보여주는지 테스트해볼 수도 있다. 또한 인터넷 덕분에 전 세계 동료들과 쉽게 정보를 교환할 수도 있다. 이 모든 것들 덕분에 우리는 공포와 두려움에 사로잡힐 때 뇌에서 어떤 변화가 나타나는지 정확하게 알게 되었다. 그리고 이런 공포에서 벗어나려면 무엇을 어떻게 해야 하는지도 알게 되었다.

이 책에 소개하는 모든 기술은 환자들에게 직접 적용해본 경험을 토대로 정교하게 다듬어진 것이다. 믿기지 않겠지만, 내 환자들 가운데 70퍼센트 이상이 여섯 번째 면담 시간이 되기 전에 공포심을 완전히 극복했다. 물론 한 권의 책이 경험 많은 의사와 심리치료사들의 치료를 대신할 수는 없다. 당연히 그래서는 안 된다. 하지만 이 책은 무엇이 우리에게 공포와 두려움을 불러일으키는지 이해하는 데 도움을 줄 것이다. 또한 몇 가지 간단한 기술을 소개할 것인데, 이 기술들 덕분에 많은 사람이 정상적인 삶으로 돌아갈 수 있었다.

여러분 가운데 갑자기 두려움이나 공포가 밀려와 고통받는 사람이 있다면 이 책을 통해 가능한 한 빨리 그런 고통에서 벗어날 수 있기를 바란다.

— 클라우스 베른하르트

차례 ——○

추천의 글 누구나 손쉽게 시도해볼 수 있는 치료법 — 5
들어가는 말 우리는 모두 마음속에 두려움을 안고 산다 — 7

1장 나를 집어삼키는 거대한 공포, 그 원인은?

　　통제할 수 없는 극심한 공포, 공황 — 17

2장 당신의 잠재의식을 존중하라

　　뇌의 작동 원리를 알면 두려움에 대응할 수 있다 — 43

3장 스스로 만들어낸 거짓말에 속지 마라

　　뇌의 원리를 알면 두려움을 유발시키는
　　외부적 요인도 통제 가능하다 — 71
　　정신 계통의 약, 축복인가 저주인가? — 78

4장 공포는 배우고 습득하는 행동일 뿐이다

공포는 습득한 경험이기에 치유 가능하다 ― 99

시각·청각·촉각·후각·미각, 5가지 감각을 동원한 연습 ― 140

5장 공포를 멈추는 다양한 기술

지금 바로 공포에서 벗어날 수 있다 ― 153

시각적 공포에서 벗어나는 기술 ― 175

청각적 공포에서 벗어나는 기술 ― 186

촉각적 공포에서 벗어나는 기술 ― 195

6장 마침내 공포로부터 해방

즐겁고 가벼운 마음으로 인생을 살아가기 위해서는 ― 213

끝맺으며 ― 230

역자 후기 불안하지 않아도 삶 자체에 도움이 되는 책 ― 232

참고문헌 ― 235

1장

나를 집어삼키는 거대한 공포, 그 원인은?

통제할 수 없는 극심한 공포, 공황

다양한 양상으로 나타나는 공포는 신체가 우리에게 보내는 지극히 건전하고도 정당한 반응이다. 공포의 주요 목적은 위험에서 우리를 보호하는 것이다. 예를 들어, 굶주린 사자가 덤불 뒤에 숨어 있다가 당신을 보고 뛰쳐나온다면 당신의 몸은 급격하게 아드레날린을 방출한다. 당신은 그야말로 몇 초 안에 사자와 싸울 것인지 도망칠 것인지 결정해야만 한다. 너무 당연한 충고이지만, 당신을 위협하는 존재가 사자라면 맞서 싸울 생각은 꿈도 꾸지 말고 도망가라고 말하고 싶다. 이런 상황에서 도망가는 행동이야말로 우리의 생존을 보장하기 위해 반드시 필요하고도 정상적인 반응이다.

하지만 사자가 덤불 뒤에 웅크리고 있는 것도 아니고, 당신을 위협하는 존재가 아무것도 없는 것 같은데 심장이 쿵쿵거리면서 미친 듯이 뛰기 시작한다면 어떻게 해야 할까? 아무런 이유도 없이 현기증, 귀가 먹은 것처럼 먹먹한 느낌, 호흡 곤란이나 구토가 급습하는 이유는 도대체 무엇일까? 이런 상황에서 대체 뇌에서는 무슨 일이 일어나고 있으며, 그렇게 반응하는 원인은 무엇일까?

그 원인은 대략 4가지로 정리할 수 있다. 각각의 원인을 설명하는 데 하나의 장을 할애할 것이다. 공포의 원인을 파악하는 것은 공포에서 벗어나는 데 상당한 도움이 된다. 따라서 이들 4개의 장 가운데 그 어느 것 하나 빠트리지 않고 꼼꼼히 읽어보기를 권한다.

대부분의 경우, 공포는 하나의 원인 때문에 발생하지 않는다. 공포를 불러일으키는 다양한 원인을 파악하고 그에 맞는 적절한 기술을 적용할 수 있는 사람만이 자신의 공포를 빠르고 확실하게 극복할 수 있다. 여기에서는 공포를 일으키는 4가지 원인을 간단하게 소개하고 넘어가겠다.

공황은 우리 몸의 경고 신호

지난 수년 동안 치료사로서 일한 경험에 비춰볼 때 최초로 공황이 나타나는 주요 원인은 바로 몸에서 보내는 경고 신호를 억누르거나 무시하기 때문이다. 대부분의 경우, 너무 오랫동안 자신의 직감을 무시하기 때문에 병이 발생한다. 직감은 잠재의식의 대변인이자 정신의 대변인이다. 우리가 이성적으로 직감을 믿을 수 없는 이유를 찾아내려고 할수록 불만을 품은 잠재의식은 자신의 말에 경청하도록 계속해서 수단을 만들어낸다. 그러나 정신적인 신호든 신체적인 신호든, 정신은 다양한 신호를 통해 경고를 보냄으로써 우리 삶에서 문제가 있는 뭔가를 바꾸고자 노력한다.

정신이 보내는 경고 신호로는 갑작스러운 기억력 저하 또는 집중력 저하, 의욕 저하, 무기력, 아무런 이유도 없이 슬퍼지는 현상 등이 있다. 공황은 이런 여러 가지 증상의 마지막 단계에 나타나는데, 정신이 보내는 경고 신호 가운데 가장 강력한 형태라고 할 수 있다.

신체가 보내는 경고 신호로는 위장과 대장의 이상, 갑작스러운 시력 저하, 피부 트러블, 근육 경련(소위 틱 장애), 빈번한 소변 욕구가 있다. 심지어 디스크와 대상포진조차 심리적인 원인에 의해서 생겨난 경고 신호인 경우가 허다하다. 이 모든 것이 어떻게 서로 연관되어 있으며, 이런 증상이 나타났을 때 정신적인 소모를 줄이려면 어떻게 해야 하는지에 관해서는 2장에서 상세하게 다루겠다.

공황을 일으키는 다양한 원인

대부분의 사람이 살아가면서 공황과 비슷한 상황을 한두 번씩 경험한다는 사실을 알고 있는가? 정도는 매우 심각한 것에서 아주 가벼운 것까지 천차만별이다. 공황이 일어나는 원인은 매우 다양하다. 일시적인 비타민 B_{12} 부족, 영양 상태로 인해 나타나는 단기적인 갑상선 기능 저하도 그 원인 중 하나다. 비타민 등 영양분이 부족하면 우리 신체는 이 같은 결핍을 빠른 시간 안에 보충하려고 시도한다. 그 결과, 신체에 부족한 성분이 다량 포함되어 있는 음식을 먹고 싶은 욕구를 강력하게 느끼게 되는데, 음식을 섭취하고 나면 언제 그랬냐는 듯 안정을 찾게 된다.

하나 조언하고 싶은 게 있다. 채식주의자들, 특히 비건(비거

니즘veganism을 따르는 사람들 - 옮긴이 주)은 식습관의 특징상 간, 육류, 우유, 계란 같은 음식에 들어 있는 비타민 B_{12}이 부족해서 공황이 일어날 수 있다. 이런 경우 비타민 B_{12}를 보충제로 섭취하면 금세 이런 상태에서 벗어날 수 있다.

이 외에도 공황을 일으키는 것으로 증명된 몇 가지 약품도 알아보겠다. 조현병에 처방하는 항정신병제제 외에도 갑상선 기능이 저하되었을 때 투여하는 갑상선호르몬 티록신thyroxine 도 그중 하나다. 특히 하시모토 갑상선염Hashimoto-Thyreoiditis(이 질병은 일본 의사 하카루 하시모토에게서 이름을 따왔다. 하시모토는 1912년 최초로 이 질병에 대해 기술했다. - 옮긴이 주) 진단을 받은 여성 환자들은 인공적으로 제조한 티록신을 오용할 경우 공황 발작을 일으킬 수 있다. 혹시 이 책을 읽는 독자 가운데 이 질병을 앓고 있는 사람이 있다면, 티록신을 과도하게 복용하고 있는 것은 아닌지 반드시 체크해볼 필요가 있다. 내 환자 중 몇몇은 자연적인 방법, 그러니까 약물 대신에 돼지의 갑상선호르몬을 투약한 경험이 있다. 이에 관해서는 뒤에 상세하게 설명하겠다.

　이 같은 약품보다 마약은 공황을 일으키는 대표적인 물질이다. 마리화나의 성분인 THC(테트라하이드로칸나비놀 Tetrahydrocannabinol), 엑스터시MDMA, 코카인cocaine은 공황을 일으키는 대표적인 원인이다. 특정 버섯에 들어 있는 환각성 성분인 실로사이빈Psilocybin 역시 공황을 일으키는 주원인 가운데 하나다. 마약 시장에 넘쳐나는 마약들, 다시 말해 인공적으로 만들어낸 새로운 종류의 온갖 마약도 마찬가지다. 이 모든 성분은 우리 몸속 신경전달물질의 작용을 상당히 침해할 뿐 아니라, 뇌가 담당하는 보호 기능을 방해한다. 흥미로운 사실은 우리의 뇌가 그런 마약 성분으로 인해 뛰어난 능력을 발휘하는 경우도 있다는 점이다. 유명한 화가들과 작가들 중에서 그런 사례를 종종 찾아볼 수 있다. 예를 들면 베스트셀러 작가 스테판 킹은 마약을 복용한 상태에서 작품을 저술한 것으로 잘 알려져 있다.

　마약을 복용했을 때 뇌에서 필터 작용을 하는 기능이 망가지는 모습은 대략 이렇게 상상하면 된다. 수도관에서 오물을 걸러내는 필터를 제거한 상태라고 말이다. 필터를 제거하면 물이 더 빨리 흘러나오지만, 그와 동시에 물에 포함되어 있던 오물이 수도관 전체에 퍼져나간다. 그 결과, 심각한 피해가 생길 수도 있다.

뇌에서 일어나는 손상 중 대표적인 것으로 공황을 불러일으키게끔 신경이 연결되는 것을 들 수 있다. 일단 한 번 이런 일이 발생하면 다음번에 마약을 복용했을 때보다 빨리 공황이 나타난다. 마약을 복용하고 난 지 48시간 이내에 처음 공황이 나타났다면, 즉시 마약에서 손을 떼야만 한다. 처음으로 복용했는지 아니면 이미 몇 년 동안 마약을 복용했는지는 전혀 중요하지 않다. 몸이 마약 성분에 공황으로 반응했다면, 그 성분을 당장 완전히 금해야 한다. 몸 상태가 좋아지더라도 마약을 그만해야 한다. 마약으로 인해 또다시 공황이 나타날 위험이 크기 때문이다. 일단 공황을 경험하면 뇌는 그 경험을 저장해둔다.

공포도 습관화된다

한 번 공황을 경험해본 사람들은 도대체 그 원인이 무엇인지 고민을 거듭한다. 심장병이나 뇌종양에 걸린 걸까? 아니면 또 다른 심각한 병이라도? 이들은 두려움과 걱정에 휩싸여서 종합병원으로 달려가 진료를 받는다. 그러나 대부분 그냥 일시적으로 공황이 일어났을 뿐이며 신체적으로는 정상이라는 의사의 소견을 듣고 집으로 돌아온다. 대부분의 사람이 이런 소견을 믿지 않는다. 이들은 자신의 몸에 뭔가 이상이 생겼다고 생각한다. 그래서 이들은 또다시 고민에 빠지고 또다시 의사를 찾아가 진짜 '원인'을 밝혀달라고 애원한다.

그런데 바로 이런 행동 때문에 한 번 겪었던 공황이 반복적으로 일어날 수도 있다. 한두 번에 그치지 않고 반복해서 계속 근심 걱정에 휩싸여 있다 보면 이런 상태가 뇌 구조를 확실하게 바꿔버린다. 두려운 생각은 몇 주 만에 혹은 며칠 만에 완전히 자동으로 작동되는 사고 패턴으로 뇌에 자리 잡고, 이런 사고 패턴은 시냅스를 거쳐서 몸 곳곳에 파고든다. 어떻게 이런 일이 가능할까?

어떤 것을 생각하면, 우리는 이 생각을 기억하게 된다. 생각이 뇌 안에 저장되는 것이다. 그렇다고 우리 뇌에 컴퓨터처럼 하드 디스크가 있는 것은 아니다. 우리 뇌는 컴퓨터처럼 데이터를 저장하는 게 아니라 시냅스 형태를 빌려 생물학적으로 생각을 저장한다. 생각들 하나하나는 머릿속의 신경 연결로 만들어진다. 신경 연결은 우리가 어떤 생각을 하자마자 만들어진다. 2000년, 노벨 의학상을 수상한 에릭 캔델 교수가 이같은 발견을 했다. 이 시대에 손꼽히는 뇌 연구가 중 한 사람인 그는 공포와 두려움을 완화시킬 수 있는 획기적이고 효과적인 방법을 만들어내는 데 크게 기여했다.

캔델 교수는 모든 생각과 인상이 뇌에서 시냅스 연결 형태로 저장된다는 사실을 분명하게 증명했다. 우리가 느끼는 감정이 긍정적이든 부정적이든 상관없이 생각의 기저에 있는 감정이 강렬할수록 머릿속에 있는 신경 연결은 그 성능이 더욱 강력해진다. 따라서 부정적인 생각을 자주 하면 신경생물학적으로 공황이 일어날 수 있는 바탕이 만들어진다. 말하자면 부정적으로 생각하는 경향이 있는 사람은 뇌에 나쁜 감정과 공포를 느끼는 길을 만들어놓는 거나 마찬가지다. 이런 사람의 뇌 속은 나쁜 감정과 공포의 길은 널찍하지만, 이와 반대로 기뿜과 경쾌함을 느끼는 길은 아주 좁다.

　환자들이 나에게 자주 하는 질문이 있다. 쉬려고 할 때 특히 두려움이 엄습하는 이유는 무엇일까? 이들은 저녁 무렵 소파에 앉아 있거나 휴가를 떠났을 때 혹은 고속도로에서 운전할 때처럼 지루하고 반복적인 일을 할 때 불쑥 두려움이 찾아온다고 했다. 이 질문의 답은 매우 간단하다. 인간의 뇌는 스트레스를 받았을 때만 반응하는 게 아니다. 쉬는 순간에도 다양하게 연결되어 있는 신경다발이 자동적으로 반응한다. 게다가 우리 뇌는 쉬지 않고 항상 뭔가를 하고 싶어 한다. 누군가와 전화 통화를 하거나, 집중해야 하는 과제가 있거나, 시간에 쫓기면서 뭔가를 하고 있을 때 우리의 뇌는 할 일이 많다고 인식해 공포나 근심과는 멀찌감치 거리를 둔다. 하지만 조금이라도 한가해지면 이리저리 뒤척이며 고민에 빠지기 시작한다. 이때 우리의 뇌는 가능한 한 빨리 일거리를 찾으려 한다. 뇌는 어디에서 이런 일거리를 찾을까? 부정적인 생각과 공포로 점철되어 있는 널찍한 길에서 찾을까, 아니면 기쁨과 가벼운 느낌이 모여 있는 좁다란 길에서 찾을까? 맞다, 널찍한 길이다. 우리의 뇌는 여유 있고 느긋한 느낌이 모여 있는 길이 아니라 부정적인 생각으로 이루어진 길에서 공포를 찾아내 공포심을 유발하는 편을 택한다.

공포를 떨쳐내려면 긍정의 사고 패턴을 정착시켜라

생각하는 과정은 우리의 뇌를 끊임없이 새롭게 연결한다. 우리 머릿속에서는 매일 10만 개 정도의 연결망이 생성되는데, 바로 여기에 우리가 생각하는 바가 저장된다. 그리고 자주 반복하는 생각들은 점점 더 대표적인 생각으로 등장하고, 반대로 오랫동안 생각하지 않는 내용들의 신경 연결은 해체되어 버린다. 이 같은 이유로 우리가 학교에 다닐 때 배웠던 수학 공식이 어른이 되면 더 이상 떠오르지 않는 것이다. 수학적인 지식을 더 이상 이용하지 않고 더 이상 생각하지도 않기 때문에 수학적인 지식으로 연결된 시냅스는 사라져버린다. 긍정적인 생각도 이런 식으로 처리된다.

우리의 뇌는 얼마나 다양하게 연결되어 있는지, 그리고 얼마나 다양하게 이용하는지에 따라 완전히 자동적으로 반응한다. 생물학적으로 뇌는 이용하는 방법에 적응하게 되어 있다. 게다가 자동장치가 구축되어 있어서 같은 생각을 반복하다 보면 언젠가는 우리가 뇌를 조종하는 게 아니라 뇌가 우리를 조종하게 된다.

이런 맥락에서 볼 때 특정 효과를 노리고 취하는 태도, 이른바 '과시적 비관주의'는 매우 교활한 행위다. 뇌는 긍정적인 결과를 예상했다가 실망하지 않기 위해 긍정적인 결과보다는 부정적인 결과를 더 많이 인지하는 연습을 하는 경향이 있다. 그 과정에서 우리는 우리를 둘러싸고 있는 세상의 아름다움, 그러니까 삶을 보다 더 쾌적하게 살아갈 수 있게 해주는 아름다움을 보지 못하게 된다. 뇌에서 구체적으로 어떤 일이 일어나는지에 대해서는 4장에서 설명할 것이다.

특정한 경험들로 말미암아 나쁘고 부정적인 것에 집중하게 되었는지, 혹은 그런 사고방식을 부모에게 물려받았는지는 사실 공포에서 벗어나는 데 있어 그리 중요하지 않다. 중요한 것은 간단한 속임수를 동원해 뇌가 새로운 길을 열게끔 하는 것이다. 이 길은 신경망으로 되어 있는 길을 말한다. 물론 그렇게 하기 위해선 훈련이 필요하다. 이런 훈련은 충분히 해볼 만한 가치가 있다! 이 책에서 소개하는 모든 기술을 익히고 그런 기술들 가운데 자신에게 맞는 것을 찾아낸다면, 당신은 당신의 뇌를 즉각 바꾸고 개조할 수 있게 될 것이다. 즐거움이 가득하고 두려움이나 공포 따위는 찾아볼 수 없는 방향으로 말이다.

이런 말을 들으면 과연 그럴 수 있을까 궁금해질 테지만, 충분히 가능한 이야기다. 우리의 뇌는 원칙적으로 우리가 규칙적으로 행하는 모든 것을 자동화한다. 예를 들어 양치질, 자동차 운전, 필기하는 행위 모두 그렇다. 물론 걱정을 하거나 공포에 사로잡히는 것 역시 마찬가지다. 운전면허증이 있어서 차를 운전해본 경험이 있는 사람이라면 내가 무슨 말을 하는지 이해할 것이다. 운전 경험이 많은 운전자는 언제 페달을 밟아야 하는지, 속도를 어느 정도로 해야 하는지, 기어는 몇 단으로 넣어야 하는지, 언제 백미러를 봐야 하는지 오랫동안 고민하지 않는다. 초보 운전자들이 땀을 뻘뻘 흘리며 하는 모든 행동을 경험 많은 운전자는 특별히 의식하지 않고서도 자동적으로 행한다. 능숙한 운전자들은 운전을 하면서 다른 생각을 하거나, 라디오를 듣거나, 동승한 사람들과 신나게 얘기를 할 수도 있다.

이런 일이 가능한 것은 우리의 뇌가 매번 이성이 관여할 필요가 없도록 뇌의 기능을 자동화해놓기 때문이다. 이렇듯 반복적인 행동이나 사고는, 우리의 뇌가 그것을 패턴으로 인지하자마자 대뇌에서 소뇌로 옮겨지고 이곳에서 잠재의식에 의해 자동적으로 실행된다. 이렇게 함으로써 이성은 할 일이 줄어들고 작업 공간이 넓어져 그동안 알지 못했던 새로운 과제를 받아들일 수 있게 된다.

만일 당신이 몇 년 전부터 좋은 생각보다 나쁜 생각을 더 많이 했으며 골치 아프게 고민하는 행동을 멈추지 못했다면, 부정적 사고와 공포를 일으키는 모든 형태의 자동 운동을 멈추는 것이 과연 가능할지 엄두가 안 날 것이다. 실제로 독일에서 적용되고 있는 표준 심리치료법 중 그 어느 것도 이 책에 소개된 기술처럼 뇌에 지속적이고 신속하게 효과를 미치지 못했다. 노출 치료(위험 없이 두려움의 대상이나 전후 사정에 노출시킨

뒤 치료사가 환자를 위로해서 불안을 없애는 기술)나 어린 시절을 파헤치는 작업(정신분석), 또 호흡법이나 근육이완운동도 뇌에 구축되어 있는 부정적인 시냅스를 해체하지 못했다. 심지어 노출 치료나 정신분석은 시급하게 해체해야만 할 시냅스들을 오히려 더 강화시킨다. 그 이유에 대해서는 뒤에서 설명하겠다. 이런 경우 흔히 처방되는 항우울증제와 진정제 역시 뇌를 구조적으로 바꾸지 못한다. 기껏해야 두려움을 느끼는 감각을 약간 무디게 할 뿐이다.

진정 공포에서 벗어날 수 있는 기술은, 뇌에 긍정적인 삶의 느낌을 저장하는 시냅스를 가능한 한 많이 그리고 가능한 한 빨리 구축하는 것이다. 이런 연결망이 충분히 존재하면 뇌는 스스로 알아서 소뇌의 연결망을 통해 새로운 정보를 전달하고, 그 결과 새롭게 긍정적인 자동 운동이 구축된다. 긍정적인 자동화 체계는 감정에 지대한 영향을 미친다. 이와 관련, 최근 뇌 연구에서 발견된 사실을 바탕으로 이전의 보편적인 사고 과정보다 몇 배 더 빠르게 진행되는 특수한 심리훈련법이 개발됐다. 이 훈련법을 따르면 며칠만 지나도 변화를 감지할 수 있다. 3~6주가 지나면 긍정적인 변화를 더 이상 간과할 수 없을 정도가 된다. 6~12주 정도 지나면, 내가 치료했던 환자들의 경우 82퍼센트가 두려움과 공황을 극복했다.

이 책의 후반부에 다양한 방법의 심리훈련법을 소개할 것이다. 그 방법을 곧바로 알고 싶을 테지만, 조금만 인내심을 가져주기 바란다. 이런 과정이 최적의 상태로 진행되려면, 훈련법을 설명하기 전에 알아둬야 할 것이 있다. 그 내용을 숙지해야만 빨리 그리고 완벽하게 공포에서 벗어날 수 있다.

공황의 은밀한 장점

내 환자들 가운데 빠르게 공황장애를 극복했다가 몇 주 혹은 몇 달 뒤 또다시 공황을 경험하는 이들이 있다. 이는 '세컨더리 게인Secondary gain', 우리말로 하면 '부차적인 병적 이득' 때문인 경우가 많다. 환자들이 공황으로 인한 공포심 때문에 힘들어하지만, 다른 한편으로는 은밀한 장점을 취하기도 하기 때문에(물론 이런 점을 스스로 의식하지 못하는 경우가 많다) 이것을 "병적 이득morbid gain"이라고 부른다.

예를 들면 이런 상황이다. 끔찍한 공황으로 고통받는 환자는 예전에 비해 사람들에게 좀 더 배려받거나 관심을 받는다. 이런 상황이 좋아하지 않는 직장에 가지 않을 수 있는 정당한 이유가 되기도 한다. 몇 년 전부터 아픈 친척을 돌봤는데, 끔찍한 공황 때문에 친척을 돌볼 의무가 없어질 수도 있다. 이렇듯 제2의, 그러니까 부차적인 병적 이득은 아주 많다. 공황으로 고통받는 사람들은 대부분 무거운 책임 의식을 가지고 있는데, 그 같은 책임 의식을 신뢰할 수 없는 상태가 되면 '매우 끔찍한 일'이 일어날 수도 있다. 이때 엄습한 두려움은 자신이 더 이상 감당할 수 없는 책임에서 벗어날 수 있는 유일한 해결책이 된다.

이해하기 어려울 수도 있지만, 나는 이런 경우를 많이 봤다. 가령 다니기 싫었던 직장에서 이직을 하거나, 병든 부모님을 직접 돌보는 대신에 간병인을 구하면, 하루아침에 공황에서 벗어나는 경우가 그러하다. 이처럼 공황으로 인해 얻는 부차적인 병적 이득은 매우 다양하다. 이와 관련해서 최근에 나는 독특한 환자를 만났다.

공황은 잠재의식의 위기 대처 프로그램이다

2015년 2월, 한 환자가 찾아와 몇 년 전부터 운전을 할 때면 갑자기 너무 두려워져 힘들다고 토로했다. 특히 긴 터널을 지나갈 때 힘들다고 했다. 그래서 가족들끼리 휴가를 갈 때도 터널을 지나가지 않는 길을 골라서 여행 계획을 짠다고 했다. 서른두 살인 이 여자 환자는 그녀의 공황장애가 휴가지를 선택할 때 중요한 기준이 되었을 뿐 아니라 2명의 아이와 남편을 힘들게 하고 있다고 말했다.

베를린에 있는 치료실에 처음 찾아왔을 때, 그녀는 이미 2년 동안 심리치료를 받은 상태였다. 그런데도 그녀의 두려움은 여전히 사그라들 기미를 보이지 않았다. 그녀는 앞서 찾아갔던 의사의 권유로 1년 반 전부터 항우울제를 복용하고 있었다. 사실 공황으로 고통받는 환자에게 항우울제를 처방하는 것은 매우 보편적인 방법이다. 하지만 나는 극히 소수에 해당하는 예외적인 경우를 제외하고는 항우울제를 처방하지 않는다. 그 이유는 책의 마지막 부분에 자세히 설명하겠다. 게다가 이 환자는 항우울제를 복용한 이후 18개월 동안 체중이 무려

11킬로그램이나 늘어나, 그것 때문에도 우울해했다.

결과적으로 나는 총 4회의 면담을 통해 그녀의 공황을 완전히 치료했다. 게다가 그녀는 복용하던 약을 점점 줄여서 마침내 몇 주 뒤에는 완전히 끊을 수 있었다. 그녀는 다시 운전할 수 있게 되었다. 이제 긴 터널도 전혀 문제되지 않았다.

이처럼 놀라운 성공을 거둔 지 8개월쯤 지난 어느 날, 그녀는 나에게 전화해서는 갑자기 공황이 다시 일어났다며 아무리 생각해도 그 원인을 알 수 없다고 울부짖었다. 나는 그녀에게 치료실에 오라고 한 뒤 몇 가지 중요한 질문을 했다. 그러자 금세 원인이 드러났다. 공포에서 해방돼 어디든 운전해서 갈 수 있게 된 그녀는 시부모님 댁을 방문한 지 한참 지났다는 사실이 생각났다. 거의 3년 동안 시댁에 가지 않았는데, 시댁으로 가려면 긴 터널을 지나가야 했기 때문이다. 공황 때문에 그 터널을 지나갈 수 없었기에 그동안에는 시댁에 가지 않아도 될 타당한 이유가 있었던 것이다. 그런데 병이 낫자 상황이 바뀌었다. 그녀는 나름대로 이해할 만한 이유 때문에 시어머니를 견딜 수 없어 했다. 예전에도 시어머니를 만나고 돌아오면 거의 1주일 동안은 끙끙 앓을 정도로 힘들었다고 했다.

이처럼 공황은 환자를 힘들게도 하지만, 부차적으로 환자를 보호하는 기능도 한다. 이때 질병은 불편한 일을 피하게 해 주는 역할을 한다. 물론 이 과정은 완전히 잠재의식 상태에서 일어난다. 내 환자는 자신이 느끼는 공포가 진짜인 것처럼 그럴싸하게 꾸며낸 게 전혀 아니다. 그야말로 삶을 위협하는 공포를 느꼈다. 그러나 그녀는 다시 시작된 이 발작으로 이득을 취했다. 바로 껄끄러운 시어머니한테 가지 않아도 된다는 것이었다.

내가 내린 진단을 들은 그녀의 반응을 보자, 내 진단이 적중했다는 사실을 알 수 있었다. 결혼한 지 9년이 지났지만 시어머니에게 그녀는 여전히 사랑하는 아들을 빼앗아간 낯선 사람 취급을 받았다. 그녀는 마침내 자신이 시댁에서 환영받지 못하고 있다는 사실을 가족들에게 솔직하게 밝혔다. 그녀는 앞으로 자신은 물론 다른 모든 가족들을 행복하게 하기 위해 노력하겠지만, 그러기 위해 시부모님 댁을 더 이상 방문하지 않겠다고 분명하게 말했다. 남편이 아이들만 데리고 부모님 집으로 가기로 하자 그녀의 공황은 즉각 사라졌다. 자신의 의사를 분명하게 밝히고 나자 시어머니의 행동 역시 엄청나게 달라졌다.

누군가 공황이나 또 다른 공포증으로 인해 괴로워하면, 다음과 같은 질문을 해보는 게 좋다. 공포로 인해 불편한 상황 외에 뭔가 긍정적인 효과도 있는가? 당신이 안 해도 되는 것들, 가령 누군가를 방문해야 하는 의무, 오래전에 했어야 하지만 지금까지 그렇게 할 힘이 없어서 시도하지 못했던 변화, 배우자와의 이별, 직장 변동이나 이사는 어떤가?

내 환자 중 많은 이가 처음에는 이런 맥락을 받아들이지 않으려고 했다. 공황이라는 문제보다는 오히려 미뤄왔던 변화를 시도해야 한다는 두려움이 더 크게 와닿았기 때문이다. 하지만 훌륭한 전문가라면 그 같은 변화를 시도하도록 만들어 환자들이 보다 빨리 좀 더 나은 삶을 지속적으로 영위하도록 도와야 한다.

다시 한 번 강조하지만, 공황은 당신의 잠재의식이 뭔가 불쾌하고 나쁜 것을 막아주기 위해 취하는 지극히 정상적인 보호 행동이다. 이 책을 끝까지 읽으면 우리의 정신이 왜 이 같은 위기 프로그램을 실행하는지, 어떻게 해야 정상적인 삶으로 돌아갈 수 있는지 알 수 있을 것이다.

"공황은 잠재의식이 우리에게 보내는 경고 신호다!"

- 공황은 우리 몸이 보내는 경고 신호다. 당신이 자신의 직감을 계속해서 무시하기 때문에 이런 신호가 나타나는 것이다.
- 공황은 마약이나 잘못된 약으로 인해 생길 수도 있다.
- 공황은 흔히 자동적으로 작동되는 부정적인 사고 과정의 결과 인 경우가 많다. 이런 자동화는 올바른 방법으로 충분히 바꿔 놓을 수 있다.
- 공황은 오래전에 시도했어야 할 변화를 억눌러서 생기는 경우 가 많다. 변화를 시도하면 두려움은 저절로 사라진다.

2장

당신의 잠재의식을 존중하라

뇌의 작동 원리를 알면
두려움에 대응할 수 있다

심인성장애는 잠재의식이 의식에 보내는 경고 신호인 경우가 많다. 이런 증상들을 떨쳐내려면, 통증이 나타난 부위나 기관들이 완벽하게 건강한데도 어떻게 정신이 신체적 통증이나 증상을 만들어내는지 이해하는 것이 중요하다. 일반 병원에서는 이에 대해 설명해주지 않는다. 그래서 많은 사람이 혹시 자신이 정신질환을 앓고 있는 것은 아닌지 몹시 두려워하고, 공황을 일으키는 '진짜' 원인을 알아내고자 자신의 신체를 샅샅이 파헤친다. 팔과 다리에서 벌레가 기어가는 듯한 느낌, 마비된 느낌, 맥박이 1분간 100회 이상 뛰는 빈맥, 위경련, 가슴과 목이 조이는 느낌, 현기증, 방관자가 된 느낌 등 신체 곳곳에서 다양한 이상 증상이 완전히 진짜처럼 느껴진다. 신체 특정 부위에 이상이 없으면 도저히 그런 느낌이 들 수 없을 정도로 말이다. 물론 약간 이상이 있을 수도 있지만, 대개의 경우 정신적으로나 신체적으로 완벽하게 건강하다. 다만 당신의 정신이 장기간 더 강력한 손상을 입지 않으려면 어떤 태도 혹은 사고방식을 바꿔야만 한다는 사실을 일깨워주려는 것일 뿐이다. 이런 경고를 제때 진지하게 받아들이고 반응한다면, 당신이 느끼는 두려움과 공포는 영원히 사라지게 될 것이다.

잠재의식이 이성보다 만 배는 똑똑하다

공포가 엄습하면 어떤 일이 일어나는지 이해하려면, 먼저 뇌를 살펴봐야 한다. 이성과 잠재의식은 작업 방식이 완전히 다르다. 성인의 뇌에는 대략 860억 개 정도의 신경세포가 있다. 이를 뉴런이라고 부른다. 뉴런은 대략 100조 개 정도의 시냅스로 서로 연결되어 있다. 다시 말해, 하나의 뇌세포는 최소한 1000개의 다른 뇌세포와 연결되어 있다는 의미다. 상상하기 어려운 규모다. 우리 뇌 속에 있는 뉴런과 이들의 조합이 만들어내는 수는 지구에 있는 모래알의 수보다 훨씬 많다.

그런데 우리는 의식적인 작업 과정을 거치는 이런 능력을 상대적으로 적게 이용하는 데 그친다. 이성은 1초당 최대 8개의 정보를 인식하며, 하나의 생각을 합리적으로 다듬어서 말로 표현하는데 평균 3초가 걸린다. 과거에는 우리가 뇌 용량의 10퍼센트밖에 사용하지 못한다고 말했지만 최근에 반드시 그렇지만은 않다는 사실이 밝혀졌다.

반면, 잠재의식은 뇌를 철저하게 이용한다. 가장 최근에 알려진 연구 결과에 따르면, 잠재의식은 1초당 적어도 8만 개의 정보를 처리한다. 의식적인 작업을 하는 이성보다 그 처리 속도가 만 배는 빠른 것이다. 바꿔 말해, 우리가 대단한 것처럼 말하는 이성보다 잠재의식이 만 배는 더 똑똑하다.

공황은 잠재의식이 선물한 보호 장치

이런 사실을 감안할 때, 우리 뇌의 진정한 주인은 잠재의식이라고 할 수 있다. 우리 뇌의 대장은 우리와 함께 의사소통하는데, 직관의 도움을 받아서 그렇게 한다. 당신도 이런 경험을 해본 적이 분명히 있을 것이다. 어떤 것을 해야 할지 말아야 할지 이성적으로 고민하는 동안, 이미 직관이 결정을 내려놓은 상태 말이다. 근거 없이 "그만두는 게 낫겠어!" 혹은 "그래, 하는 거야!"라는 결정이 나오는 배경에는 이런 과정이 존재한다.

당신의 잠재의식은 이미 오래전에 모든 자료와 경험을 비교해두었다. 이런 작업을 수행하는 데 0.1초도 안 걸렸을 것이다. 의식적으로 작업을 하는 이성이 그런 일을 한다면 너무 많은 자료를 검토해야 해서 도저히 감당할 수 없을 것이다. 하지만 잠재의식은 이런 작업이 식은 죽 먹기다. 잠재의식은 분석한 자료를 바탕으로 가장 짧은 시간에 당신에게 결정한 바를 알려준다. 그것도 직관을 통해서 그렇게 한다. 결정하는 과정에서 잠재의식은 당신이 결코 의식적으로 생각해본 적 없는 엄청난 양의 정보를 고려한다. 이런 정보는 자세, 신체 언어, 기분 상태, 선택된 단어, 냄새 등 매우 다양하다. 수많은 연구에 따르면, 가령 배우자를 선택할 때 우리의 뇌는 잠재의식에 의해 상대방의 냄새를 맡고 이 사람과 건강한 아이를 낳을 수 있을지 판단한다. 바로 이 같은 이유로 우리는 어떤 사람들의 냄새는 잘 맡지만 다른 사람들의 냄새는 전혀 맡지 못한다.

직관이 해주는 말을 잘 경청하면 이처럼 지극히 영리한 결정을 내릴 수 있다. 직관을 따르지 않으면, 언젠가는 원치 않았던 결과를 받아들여야 할 수도 있다. 직관을 따르지 않는 바람에 대가를 톡톡히 치러야 했던 사람들을 나는 많이 알고 있다.

잠재의식은 슈퍼컴퓨터처럼 직관을 통해 우리가 처해 있는 현 상태를 분석한 자료를 지속적으로 보내준다. 그리고 우리가 무엇을 해야 하는지 무엇을 그만두는 게 더 나은지 충고해준다. 이렇게 하는 이유는 딱 하나다. 바로, 우리를 보호하기 위해서다.

그런데 너무 오랫동안 자신의 직관에 귀를 기울이지 않고, 이처럼 훌륭한 정보와는 반대되는 사실을 바탕으로 행동하는 사람에게 잠재의식은 경고 신호를 보낸다. 처음에는 가벼운 신호를 보내다가 필요하다 싶으면 보다 강력한 신호를 보낸다. 이런 강력한 신호를 일컬어 "심인성 질환"이라고 부른다. 우리의 뇌는 신경전달물질을 통해 몇 초 만에 신체에 고통을 유발할 수 있다. 해당 부위나 기관이 완벽하게 건강해도 상관없다. 앞으로 이 같은 흥미진진한 현상에 대해서 설명할 텐데,

그전에 정신과 신체가 연결되어 일으키는 메커니즘이 어떤 것인지 가볍게 설명하고 넘어가겠다.

자, 어머니 한 사람이 있다. 이 어머니는 네 살짜리 아들이 축구공을 가지고 노는 모습을 사랑스럽게 보고 있다. 경험도 별로 없고 세상을 보는 시각도 한정되어 있는 어린 아들은 의식적으로 작업하는 이성이라고 보면 된다. 반대로 수십 년을 살면서 얻은 경험도 있고 덩치도 크며 예견하는 능력을 갖춘 어머니는 잠재의식이라고 보면 된다. 어린 아들은 공을 이리저리 차는 데 너무 몰두해서 차들이 많이 다니는 차도에 가까워지는 줄도 모른다. 이때 유심히 아들을 관찰하던 어머니는, 그러니까 잠재의식은 이 상황을 즉각 알아채고 소리를 지른다. "안 돼, 거기 서!" 어머니는 한두 번 소리를 지르다가 세 번째는 큰 소리로 경고한다. 만일 아들이 그래도 말을 듣지 않으면, 어머니는 재빨리 차도 쪽으로 달려가 아들이 차도로 발을 내디디기 전에 낚아챌 것이다. 그러나 어린 아들은 깜짝 놀랄 뿐, 어머니가 왜 화들짝 놀란 얼굴로 자기를 잡아당겼는지 전혀 알지 못한다. 공황은 바로 이런 과정과 같다. 잠재의식은 당신이 직관에 반응하지 않으면 어린 아들의 어머니처럼 당신의 목덜미를 잡아당긴다. 그리고 공황을 일으켜 당신의 삶에서 어떤 일을 곰곰이 생각해보라고 강요한다. 그것이 어떤 일인지에 관해서는 앞서 간단히 설명했다. 나중에 보다 상세하게 다루겠다.

당신의 잠재의식이 해결해야 하는 매우 중요한 과제들 가운데 하나는, 당신을 가능한 한 잘 보호하고 너무 오랫동안 잘못된 방향으로 달려가서 위험을 겪는 일이 없도록 하는 것이다. 그러기 위해 잠재의식은 가끔 극단적인 조치를 취한다. 그런 면에서 볼 때, 공황은 질병이라기보다는 오히려 잠재의식이 우리를 사랑하는 마음에서 해주는 서비스라고 할 수 있다. 공황은 우리 정신이 끔찍하고 심각한 일을 겪지 않도록 하기 위해 나타나는 반응이다. 이제 당신은 마른하늘에 날벼락 치듯 강렬한 신체적 반응이 왜 갑자기 나타나는지 이해할 수 있을 것이다. 직관이 지르는 소리를 듣지 않으면 정신은 보다 강력한 수단을 동원하게 마련이다. 신경전달물질을 통해 강렬한 신체적인 반응을 만들어내 당신이 어떤 일에 대해 귀를 기울이거나 적어도 곰곰이 생각하게 한다.

잠재의식이 당신에게 하는 말을 이해해라

신경전달물질은 신체 내에서 만들어지는 화학물질로, 뇌는 이것을 통해 신체 반응을 일으킨다. 신경전달물질은 수십 가지가 있는데, 이 중에서 가장 잘 알려진 것은 아드레날린, 노르아드레날린, 세로토닌, 도파민, 옥시토신, 히스타민이다. 두려운 생각이 들 때마다 뇌는 아드레날린을 방출하라고 부신을 자극한다. 이 물질은 심장을 빨리 뛰게 함으로써 가능한 한 신속하게 신체에 영양분과 산소를 전달하게끔 만든다. 그중에서도 팔과 다리에 충분한 영양분과 산소를 공급한다. 두려운 상황에서 빨리 도망치거나 적어도 방어 자세를 취하기 위해서다. 그런데 인간은 두려운 상황에 처하면 과잉 공급된 영양소와 산소를 연소시켜 도주하거나 맞서 싸우는 게 아니라, 두려움에 갇혀 한 발짝도 떼지 못한다. 당연히 신체는 과잉 공급된 영양소와 산소를 처리할 다른 방법을 모색해서 가능한 한 빨리 신체의 균형을 잡으려고 노력한다. 신체는 근육을 미세하게 움직여 과잉 공급된 영양소를 처리한다. 이런 움직임이 바로 팔과 다리에서 느껴지는 벌레가 기어가는 듯한 느낌, 갑작스러운 떨림 현상으로 나타나는 것이다. 이렇게 떨리면 신체의 온도가 빨리 올라가 세포에서 과잉 공급된 에너지를 태워버릴 수 있다. 벌겋게 달아오른 신체 부위나 땀으로 축축해진 손은 이런 상황에서 전형적으로 나타나는 현상이다. 이런 현상이 나타났다고 해서 두려워할 필요는 없다. 이런 경우에도 신체는 완벽하게 잘 작동되고 있다. 다만 신체의 균형을 잡기 위해 필요한 일을 하고 있을 뿐이다.

공포심이 엄습할 때 몸이 뜨거워진다기보다는 오히려 차가워지는 것처럼 느껴진다면, 두려워서 평상시보다 빠르고 깊게 숨을 들이마시기 때문에 그럴 수 있다. 과호흡은 증가한 이산화탄소를 배출하기 위해 나타나는 반응이다. 그 결과, 혈중 수소이온 농도(수소이온 농도는 액체의 산도와 알칼리도를 측정하는 척도로, 건강한 사람의 경우 혈중 pH 수치는 대략 7.35~7.45이다. – 옮긴이 주)가 올라간다. 혈중 수소이온 농도가 올라가면 신체의 특정 신진대사반응이 변해서 손, 발, 뇌의 혈액순환이 급격히 나

빠진다. 그 결과, 현기증이나 피부에 뭔가 기어가는 느낌이나 축축해지는 느낌, 심지어 근육 경련이 나타난다. 극단적으로 기절까지 할 수도 있지만, 이런 일은 아주 드물게 일어난다. 만약 기절했더라도 크게 걱정할 필요는 없다. 이런 반응은 당신의 똑똑한 신체가 완벽하게 잘 돌아가고 있다는 증거로, 오로지 몸을 보호하기 위한 메커니즘일 뿐이다.

이 같은 방식으로 우리 신체는 비록 극단적인 경우도 있지만 우리가 다시금 정상적으로 호흡할 수 있게 만든다. 기절한 사람들이 대부분 아주 잠시 의식을 잃었다가 다시 제정신으로 돌아오는 것을 봐도 알 수 있다. 그러므로 당신이 지금까지 신체적으로 지극히 불편함을 느꼈더라도, 당신이 더 끔찍한 손상을 입지 않게 하기 위해 몸에 그런 반응이 일어난 것이라는 사실을 명심할 필요가 있다. 설사와 위경련도 이런 방식으로 설명할 수 있다.

아드레날린 외에 또 다른 신경전달물질로 히스타민이 있다. 이 물질은 피부 생성을 관리하고 위와 장, 그리고 기관지의 특정 기능을 조종한다. 특히 히스타민은 두려움이 느껴질 때

위가 심한 경련을 일으키게 만든다. 이런 반응 역시 우리를 도와주려는 차원에서 일어나는 것이다. 도주하거나 싸울 때, 피부가 다치지 않도록 하기 위해 많은 에너지가 필요할 수도 있다. 이런 경우, 뇌는 히스타민을 이용해 소화 과정을 거의 멈추게 한다. 소화 과정은 원래 많은 에너지를 필요로 하는데, 두려움에 휩싸여 있을 경우 우리 뇌는 소화보다는 도주나 싸움을 하는 데 에너지를 소비해야 한다고 판단하는 것이다.

뿐만 아니라 히스타민은 불필요한 짐을 버리게 해준다. 유전적으로 오래된 이 프로그램은 오늘날에는 인간에게 더 이상 쓸모 없는 것 같아 보이지만, 진화 역사상으로 볼 때 상당한 의미가 있다. 동물의 세계를 다룬 다큐멘터리를 한 번이라도 본 사람이라면 내가 지금 무슨 말을 하려는 것인지 쉽게 이해할 수 있을 것이다. 모든 동물은 도망가다가 도중에 똥과 오줌을 배출해버린다. 그러면 훨씬 빨리 도망갈 수 있기 때문이다. 사소하게 보일지도 모르는 이런 행동으로 인한 약간의 속도 차이에 생사가 갈릴 수도 있다.

인간은 이 같은 유전적인 뿌리를 가지고 있다. 공황을 일으킨 사람들은 발작에서 깨어나면 흔히 소변을 보고 싶어 한다. 설사를 하는 사람도 많다. 이런 현상은 지극히 정상적인 것으로, 인류의 존재만큼이나 그 기원이 오래됐다. 우리가 일상적으로 사용하는 표현 중 "지렸어"라는 게 있다. 너무 무서워서 그만 오줌을 싸고 말았다는 뜻이다. 이렇듯 우리가 일상적으로 쓰는 말 중에는 심인성장애를 의미하는 표현이 상당수 있다. 이런 신체 반응은 해당 부위나 기관에 전혀 이상이 없지만 다양한 신경전달물질이 방출되면서 일어나는 경우가 대부분이다.

그런데 잠재의식이 오랫동안 경고 신호를 보내는데도 우리가 무시할 수도 있다. 어떤 것을 바꿔야 하는데 두려워서 감히 시도도 못하는 경우가 그렇다. 그러다 보면 정말 건강했던 신체에서 이상 반응이 나타난다. 진짜로 질병에 걸린 것처럼 보이기도 한다. 위궤양, 디스크(추간판 탈출증), 만성 설사, 대상포진, 자극성 피부질환 등이 이런 원인으로 발생하는 대표적인 질환이다. 이런 증상은 대부분 원인을 알면 신속하게 사라진다. 내 환자들 가운데도 잠재의식이 보내는 신호라는 사실을 깨닫자 이런 질병이 일주일 안에 사라지는 경우가 적지 않았다.

신체의 어딘가가 불편하다고 해서 반드시 병원을 방문하거나 119를 부를 필요는 없다. 병원에 가서 위내시경을 해본다거나 심장을 검사하더라도 특별한 결과가 나오지 않는 경우가 대부분이다. 그보다는 먼저 잠재의식이 당신에게 무슨 말을 하려는 건지 이해하려고 노력해봐야 한다. 그리고 당신의 뇌와 삶이 정상으로 돌아오게 하기 위해 어떤 기술과 연습이 필요한지 배우는 게 좋다.

주장하는 직관, 논쟁하는 이성

극심한 공포 역시 잠재의식이 당신을 사랑하는 마음에서 취하는 반응인 경우가 많다. 이미 오래전에 바꿨어야 하는데 바꾸지 않은 삶의 요소가 결국 당신을 병들게 만든 것이다. 당신은 어쩌면 이미 오래전에 직관적으로 변해야 한다는 것을 인식하고 있었지만, 이성이라는 녀석의 쓸데없는 설득에 넘어가 가만히 있었던 것인지도 모른다. 그러다가 어느 시점에 이르면 잠재의식은 당신의 어리석은 처신에 넌더리를 치면서 좀 더 강력한 수단을 동원한다. 오래전에 당신이 했어야 할 일을 마침내 시도하도록 하기 위해서 말이다.

자신의 직관에 귀를 기울이는 법을 배워야 한다. 그런데 무엇이 잠재의식이 내리는 결정이며, 무엇이 이성이 결정하는 것인지 어떻게 알 수 있을까? 당신이 생각하는 것보다 훨씬 간단하다. 아주 분명한 기준이 있기 때문이다.

직관은 절대 논쟁하지 않지만, 이성은 항상 논쟁한다.

직관이 어떤 것에 대해 분명하게 "노No"라고 말한다. 예를 들어, 사장이 당신에게 오늘 야근하라고 말하면 머릿속에서는 즉각 이런 논쟁이 펼쳐진다. 이성은 이렇게 주장한다. '괜찮아, 이건 좋은 기회라고. 돈을 더 벌 수 있잖아' 또는 '다른 직장을 알아봐도 별 볼 일 없어. 다른 고용주들이라고 해서 더 나을 것도 없거든.' 그런데 직관은 이렇게 말한다. '그만둬. 너는 쉴 필요가 있어!' 직관은 쉴 필요가 있다는 점에 대해 자세히 설명하지 않는다. 그저 주장할 뿐이다. 하지만 이성은 계속 반발한다. '너는 할 수 있어. 그러면 다음 주에는 이 일을 계속 하지 않아도 될 거야.'

성과를 올리기 위해서 야근을 했는데도 일이 잘 해결되지 않는다면, 당신은 어떻게든 손해를 보상받기 위해 남은 시간을 투입하게 된다. 이렇게 해도 원하는 결과가 나오지 않으면, 당신의 정신은 휴식을 취하도록 직접 챙긴다. 이것은 흔히 질병이라는 형태로 나타난다. 믿기 어려울 수도 있지만, 사실이다.

> 당신의 이성은 직관을 통해 말하는 잠재의식보다 절대로 똑똑할 수 없다.

이런 충고를 해주고 싶다. 직관과 반대되는 행동은 그만둬라. 직관은 가능한 한 당신을 잘 보호하고, 당신이 잘못된 방향으로 달려가 손상을 입지 않도록 막아주려는 의도밖에 없다.

물론 단 한 가지 제한이 있다. 건전한 직관은 평소에는 아무런 문제가 없다가 갑자기 두려움을 느끼는 사람들에게게만 존재한다. 예를 들어, 예전에는 운전하는 것을 엄청 좋아했는데 갑자기 운전을 하려면 두려워지고 터널을 통과하거나 고속도로를 운전하는 것이 꺼려지는 경우다.

무서워서 운전면허증을 따지 못한 사람들의 경우, 문제는 좀 다르다. 이런 사람들은 대부분 거울뉴런(다른 사람의 행동을 관찰하면서 마치 나 자신이 그런 행동을 하는 듯 느끼는 것으로, 공감능력의 기초가 된다.—옮긴이 주) 덕분에 어릴 때부터 두려워하는 태도를 배웠고, 그래서 뇌도 그에 맞게 프로그래밍되어 있다. 게다가 이런 사람들은 어느 정도 강렬한 공포증을 앓고 있는 경우가 많다. 이들이 두려움과 불안을 완전히 극복하려면 더 많은 시간이 걸린다. 오래된 사고방식을 버리고 완전히 새로운 사고 패턴을 배워야 하는 까닭이다. 그러나 이 책에서 앞으로 소개할 기술들을 제대로 잘 이용하면, 이런 이들도 4~6개월 정도면 충분히 공포를 극복할 수 있다.

당신은 아프지 않다

신체가 어떻게 해서 특정한 증상을 불러일으키며, 왜 그렇게 하는지 이해했다면 이상 증상이 나타났을 때 병원에서 검사를 받아도 당신의 신체에서 왜 그 원인을 찾을 수 없는지 분명하게 이해했을 것이다. 정말 원인 따위는 없다! 그러나 이것은 기뻐해야 할 소식이다. 약을 먹는다거나 수술을 받지 않아도 뇌 연구를 통해 알아낸 몇 가지 '속임수'를 사용하면 증상이 말끔하게 사라질 테니 말이다. 그런데도 정신의 힘을 과소평가하고 심인성 질병을 마치 정말 몸에 이상이 있어서 나타난 증상인 것처럼 다루는 것을 우리 주변에서 쉽게 볼 수 있다.

내 환자들 중에도 고혈압 증상을 호소하는 사람이 많다. 그중 몇 명은 하루에도 몇 번씩 혈압을 재는가 하면 혈압을 내리는 약을 몇 년 동안 계속 복용해온 경우도 적지 않다. 그러나 혈압이 너무 올라가지 않을까 두려워하는 것만으로도 혈압은 높아지기 시작한다. 이런 현상에 대한 연구는 이미 충분히 이뤄졌다. 의학계에선 이를 "흰 가운 신드롬"이라고 부른다. 의사의 흰 가운만 봐도 혈압이 올라가는 데서 붙은 이름이다. 어떤 결과가 나올까 두려워하면서 혈압측정기로 혈압을 재는 경우에도 이와 비슷한 현상이 나타난다.

혈압이 높게 측정됐다며 불안해하는 환자가 있으면 나는 24시간이 지난 후에 혈압을 다시 재보라고 충고한다. 만일 측정한 결과가 정상 범주에 속한다면, 의사와 상의해서 혈압약을 점차 줄여야 한다. 긴장해서 높게 측정된 혈압 수치만 보고 수년 동안 혈압약인 베타 차단제ß-blocker를 복용했다면, 이런 약들로 인해 당신의 몸에 심각한 손상이 빚어질 수도 있다. 혈압은 하루에도 몇 번씩 다르게 나타난다. 결과가 나쁘다고 해서 즉각 약을 복용할 필요는 없다.

어쩌면 지금쯤 당신의 몸에 무슨 일이 일어났는지 가능하면 단순하게 설명하려는 게 나의 목표임을 알아차렸을 수도 있다. 맹목적으로 의사와 심리치료사의 말만 믿지 말고, 직접 자신의 삶에 책임을 져라. 약간의 건전한 상식만 있어도 어떤 충고가 진정 도움이 되는지 충분히 판단할 수 있다.

당신의 직관을 존중하라

다시 고혈압을 예로 들어 설명해보겠다. 정원에 물을 뿌려야 한다고 생각해보자. 그런데 고무호스가 짧아서 정원 구석까지 물을 뿌릴 수 없다. 어떻게 하겠는가? 나는 고무호스를 약간 꺾거나 아니면 호스 구멍에 엄지손가락을 갖다 댄다. 그러면 고무호스 속 물의 압력이 높아져서 물이 더욱 빠르게 멀리까지 간다. 당신의 몸도 전혀 다르지 않다! 일단 스트레스를 받으면, 몸은 더욱 많은 산소와 영양분을 필요로 한다. 그래서 동맥이 좁아진다. 동맥이 좁아지면 당연히 혈압이 상승한다. 몸은 보다 빠르게 필요한 모든 것을 공급받는다. 세포에서 연소된 찌꺼기들도 더 빨리 처리된다. 이 모든 것은 몸이 지극히 건강하게 반응하기 때문에 나타나는 현상들이다. 스트레스를 받는 상황이 끝나면, 혈압은 정상으로 돌아간다. 그런데 만일 혈압약인 베타 차단제를 복용해서 인위적으로 혈압을 내렸다면, 몸은 피가 더 빨리 돌아갈 수 있는 다른 방법을 모색해야만 한다. 심장을 보다 빨리 뛰게 하는 것도 하나의 방법에 속한다.

혈액 상태를 검사하기 위한 촬영도 신뢰성이 떨어지는 것은 마찬가지다. 이는 그야말로 순간적인 촬영에 불과하다. 간단한 운동을 통해 불과 2분여 만에 혈액의 중요한 수치들을 완전히 바꿀 수 있다는 사실을 알고 있는가? 사회심리학자 에이미 커디그가 동료 다이나 카터, 앤디 얍과 함께 밝혀낸 사실이다. 파워 포즈Power pose라는 자세를 취하기만 하면 끝이다. 우선 편안한 안락의자에 앉아 두 팔은 목덜미 뒤에 끼고 발은 책상 위에 올려놓는다. 이런 '사장 자세'를 최소한 2분 동안 유지한다. 5분이면 더 좋다. 이런 자세를 취하면 남성호르몬인 테스토스테론 수치가 눈에 띄게 상승하고 스트레스 호르몬인 코르테솔이 확연하게 줄어든다. 위험에 대처하는 자세도 확실하게 더 좋아진다. 공황장애 환자들에게 매우 도움이 되는 자세라 할 수 있다.

이처럼 아주 간단한 일들로 결정적인 변화를 일으킬 수 있다. 자신의 직관에 귀를 기울이고, 힘을 얻게 해주는 자세를 취하고, 급하게 처방해주는 모든 것을 무조건 받아들이지 마라. 그리고 공황을 질병으로 보지 않고, 잠재의식이 몸을 걱정해서 취하는 서비스라고 인지하라. 이렇게 하다 보면 당신도 내 환자들처럼 공포를 이겨낼 수 있다. 한 환자가 나에게 정말 마음이 따뜻해지는 메일을 보낸 적이 있다. 그 내용의 일부를 소개하면 이러하다.

　　존경하는 베른하르트 선생님.

　　선생님이 추천해주신 연습을 하자 놀라울 정도로 빨리 공포에서 벗어날 수 있었답니다. 이제 모든 일을 정상적으로 할 수 있어요. 게다가 공황장애를 앓았던 나 자신에게 감사하게 되었어요! 이런 어려움이 없었더라면 내 삶에서 무엇이 문제인지 알지 못했을 테니까요.

　　더 이상 어떻게 해야 할지 모르게 되자 비로소 변할 수 있는 용기를 갖게 되었답니다. 돌이켜보건대 몇 년 전에 그런 결정을 내렸다면 더 좋았겠지요. 요즘 나 자신에게 이런 질문을 자주 던진답니다. 왜 내 정신은 나한테 공황을 보냈을까 하고 말이죠. 내가 그토록 오랫동안 염원했던 삶을 살 수 있게 하려는 것이었죠.

　　선생님에게 진료를 받고 4개월이 지났는데, 내 삶 전체는 지난 15년간보다 나아졌답니다. 이런 변화를 지켜본 친구들은 어떻게 치료사를 몇 번 찾아간 것만으로 이렇게 멋지게 변할 수 있는지 이해하지 못하겠다고 해요. 내 삶이 어떻게 흘러갈지 나 자신도 매우 흥미진진하답니다.

살아오면서 처음으로 새로운 과제와 만남에 대한 두려움을 떨쳐버릴 수 있게 되었어요. 지난 몇 달 동안 내가 경험한 것들을 한마디로 설명할 수는 없지만, 어쨌거나 나는 매일매일 더 강해지고 있어요. 이 모든 것을 감사하게 생각합니다.

—니콜 W. 드림.

이 메일은 내게 큰 감동을 주었다. 기쁨과 자기 확신 그리고 가벼운 마음으로 가득 차 있는 이 여성은, 자신의 직관을 다시 존중하게 된 것일 뿐이다. 이렇듯 직관은 인류의 역사가 시작되었을 때부터 우리에게 가장 현명한 충고를 해주었다.

건강한 삶을 위해 알아두어야 할 것으로, 흔히 무시하는 경고 신호 외에 갑작스럽게 두려워지는 요인을 3가지 더 다룰 것이다. 당신을 두렵게 만드는 모든 원인을 충분히 파악해두어야 가능한 한 빨리 여유 있고 기쁨에 찬 삶을 영위할 수 있기 때문이다.

올바른 선택과 올바른 변화가 고통 없는 삶을 만든다

에카르트 폰 히르슈하우젠(1967년에 태어났다. 의사이자 마술사이고 코미디언이며 저자이기도 하다. – 옮긴이 주)은 자신이 진행하는 프로그램에서 사막에 있는 펭귄에 대해 이야기한 적이 있다. 이 불쌍한 펭귄은 태양이 작열하는 사막에서 열기로 인해 고통을 받는다. 하지만 스스로 뭔가를 할 수 없다. 다리가 짧아서 잘 걷지도 못하고, 날개가 있지만 물이 있는 곳까지 날아가지도 못한다. 이 불쌍한 펭귄은 어떻게 해서 하고 많은 장소를 내버려두고 하필이면 사막에 가게 되었을까? 사막은 그야말로 펭귄에게 치명적인 곳인데 말이다. 하지만 여기에서 중요한 문제는 따로 있다. 여기서 잘못된 것은 펭귄일까? 아니면 펭귄이 처해 있는 환경일까?

여러분도 알겠지만 펭귄은 지극히 정상이다. 펭귄은 아프지 않다. 다만 펭귄이 살아가기에 적합한 환경인 물과 떨어져 있을 뿐이다. 어떻게 사막까지 오게 되었는지, 또는 어떤 약을 먹어야 현재 상태에 도움이 될지 고민할 필요는 없다. 대신에 단 한 가지 질문만 던지면 된다. 어떻게 하면 가능한 한 빨리 물가로 갈 수 있을까? 당신 역시 아픈 것처럼 느껴지지만 결코 아픈 것은 아니다. 다만 잘못된 환경에 처해 있을 뿐이다. 원치 않는 직업에 종사하고 있거나, 인간관계에 문제가 생겼거나, 당신과 어울리지 않는 친구들과 만나고 있다는 식으로 말이다. 이런 점을 알아차리고 당신이 올바른 선택을 한다면, 마음이 편해지고 두려움 따위가 갑작스럽게 엄습하는 일이 없어질 것이다.

"공황이 일어났다고 해서 당신을 아픈 사람으로 치부하지 마라!"

• 공황은 대부분 당신이 너무 오랫동안 직관의 소리에 귀를 기울이지 않았기 때문에 생긴다.

• 직관이 이성적 사고와 다른 점은, 절대 논쟁하지 않는다는 것이다. 당신이 어떤 일을 계속 해야 할지 혹은 그만둬야 할지 따지고 있다면, 이는 이성적인 사고로 판단하려는 것이다. 믿을 수 없을 정도로 정교하고 똑똑하게 결정하는 잠재의식을 이용하지 않고 말이다.

• 부정적인 생각은 우리의 뇌에 매일 새로운 길을 만들고, 결국 공포와 두려움을 불러온다. 실망하지 않으려고 애초부터 안 되는 방향으로만 생각하는 과시적 비관주의는 장기적으로 볼 때 사람을 병들게 한다.

• 공황은 가끔 신체적인 원인 때문에 생겨나기도 한다. 그런데 신체적 원인 때문에 생겨난 공황은 규칙적이고 반복적으로 나타나지는 않는다. 신체적인 원인으로 인해 계속 고민하기 때문에 이런 반응이 나타나는 것일 뿐이다.

- 두려움이 신체적인 증상으로 드러나는 이유는 신경전달물질 때문이다. 결코 몸이나 정신이 병든 게 아니다. 정신은 이 같은 방식으로 우리가 뭔가를 바꿔야만 한다는 것을 전달한다.

3장

스스로 만들어낸 거짓말에 속지 마라

뇌의 원리를 알면 두려움을 유발시키는 외부적 요인도 통제 가능하다

공포와 두려움을 일으키는 외부적 요인

공포를 일으키는 외부적인 요인은 아주 많다. 예를 들면 특정한 약품이나 마약, 불편한 가족 관계나 직장 분위기, 혹은 사회생활이나 지인들 사이에서의 관계 등을 꼽을 수 있다. 공포를 느낀다면 이런 요인들을 하나씩 살펴봐야 한다. 다양한 요인들이 상호작용하는 경우가 많기 때문이다. 이런 요인들 가운데 어떤 것이 당신에게 해당하는지 정확히 알면, 단계적으로 공포에서 벗어날 수 있다. 항우울제를 예로 들어보자. 우울증은 매우 쉽게 볼 수 있는 증상이다. 이런 증상이 저절로 사라지는 경우가 많은데도 항우울제는 여전히 과도하게 처방되고 있다. 조현병에 처방하는 항정신병제제도 공포와 두려움을 유발하는 요인에 속한다. 프로호르몬(호르몬의 전구前驅체) 티록신에 대해서는 뒤에 상세하게 설명하겠다.

이보다 더 쉽게 찾아볼 수 있는 요인이 있다. 바로 술이다. 많은 사람들이 기분을 즐겁게 해주고 가벼운 마음을 갖게 해주는 술의 효력을 칭송한다. 물론 마시는 양에 따라서 사람을 마비시키고 정신을 혼미하게 할 수도 있지만 말이다. 그러나 술을 마셨다고 해서 두려움을 느끼는 경우는 매우 드물다. 하지만 마약은 다르다. 마약은 그것이 어떤 종류든 간에 반드시 공황을 일으킨다. 특히 대마초에 들어 있는 성분, 엑스터시와 코카인은 이 과정에서 매우 중요한 역할을 한다. 환각을 유발하는 실로사이빈 버섯이나 시장에 넘쳐나는 합성 마약들 역시 확실하게 공포를 유발한다.

마약을 복용한 지 48시간 안에 공황이 일어났다면, 그 즉시 마약에서 손을 떼야만 한다. 뇌는 정신을 활성화시키는 이 성분을 경험하는 데 그치는 게 아니라 이 경험을 뉴런에 저장해둔다. 어떤 마약이든 또다시 복용할 때마다 경험을 저장해둔 뉴런은 계속 강화된다. 그 결과, 극심한 공포라는 불쾌한 경험을 하게 될 가능성이 더욱 높아진다.

만약 복용하고 있는 약이 공포심을 불러일으키는 것 같으면, 담당 의사와 반드시 의논해야 한다. 이런 증상을 털어놓고, 이 약품을 복용하지 않을 수 있는지 혹은 다른 약으로 대체할 수 있는지 알아봐야 한다.

공포와 두려움을 불러일으키는 성분이 무엇이든 간에, 이처럼 정신을 활성화시키는 성분을 소비하면서 뇌는 그에 관한 부정적인 연결선을 구축해놓는다. 이런 뉴런 연결은 복용하던 특정 물질을 중단한다고 해서 금세 사라지지 않는다. 손상을 입히는 물질을 거부하는 것은 물론 뉴런의 연결을 가능한 한 빨리 해체해야 한다. 유감스럽지만 이런 일은 그 자리에서 바로 해결할 수 없다. 몇 가지 우회로를 거쳐야만 한다. 한 가지 방법으로, 심리훈련을 통해 긍정적인 정보를 담고 있는 뉴런의 연결을 활발하게 생성하는 게 있다. 긍정적인 뉴런이 부정적인 뉴런보다 강력해지면, 뇌는 긍정적인 뉴런으로 이루어진 길을 더 선호하게 된다. 그러면서 예전에 구축해둔 부정적인 뉴런들은 점점 파괴된다. 이 같은 신경생물학적 과정이 어떻게 진행되며, 이때 세포의 갱신이 어떤 역할을 하는지는 뒤에서 설명하겠다.

공황을 일으키는 약물은 대체하라

갑상선 기능 저하로 프로호르몬 티록신을 평생 복용해야 하는 사람들은 극심한 공포를 겪게 될 위험이 높다. 하지만 다행스럽게도 이 같은 위험을 줄여주는 대체 가능한 약품이 있다. 티록신(줄여서 T4라고 불린다)을 복용하면서 갑상선호르몬인 트리요드티로닌triiodothyronine(줄여서 T3라고 불린다)을 복용하는 것만으로도 도움이 된다. 당신이 이런 약을 복용한다면 다음번에 의사를 만날 때 T4 외에 T3도 처방해달라고 요청하라. T3는 T4와 마찬가지로 당신의 건강을 유지하는 데 크게 도움이 될 것이다.

갑상선 기능 저하증과 관련해서 발생하는 공황을 막는 또 다른 방법은 인공적으로 생산된 갑상선호르몬을 자연적인 돼지 갑상선호르몬으로 바꾸는 것이다. 내 환자 중 많은 이가 이렇게 해서 큰 효과를 봤다. 돼지에게서 추출한 자연적인 호르몬은 인공적으로 생산된 호르몬보다 눈에 띄게 효과가 좋다.

게다가 공황과 관련해서 훨씬 많은 장점을 가지고 있다. 몇몇 환자들은 잠을 더 잘 자게 되었고, 체중이 더 쉽게 감량했으며, 기분의 변화도 훨씬 줄어들었다. 유감스럽게도 독일에서는 자연적인 호르몬으로 바꾸도록 도와주는 의사가 소수에 불과하다. 게다가 관련 약품도 수입해야만 하는 실정이다. 어쨌든 하시모토 갑상선염 환자들은 자연적인 호르몬으로 대체할 경우, 훨씬 더 수월하게 두려움 없는 삶을 영위할 수 있다. 최근 이 주제에 관한 페이스북 그룹이 생겼다. '하시모토와 갑상선 기능 저하증을 위한 자연적인 갑상선호르몬'이라는 이름이다. 현재 3500여 명의 회원이 약품을 바꿔본 경험에 대해 글을 올렸으며, 독일권에서는 어떤 의사가 이 분야의 전문가인지, 그리고 어떤 처방을 해주는지에 관한 정보를 제공하고 있다.

구역질, 홍조와 현기증은 우리 몸의 보호 장치

인간의 몸은 그 자체로 기적 같은 작품으로, 극도로 세련된 보호 장치와 경고 장치를 가지고 있다. 게다가 우리가 살아 있는 동안 스스로 손상을 입힐 수 없게 끊임없이 주의를 준다.

예를 들어보자. 음식을 잘못 먹거나 감당할 수 없는 마약을 복용하면, 즉각 구역질이나 현기증이 일어나고 열로 인해 피부가 부풀어 오른다. 이런 경우 우리는 구토와 설사를 함으로써 가능한 한 빨리 해로운 성분을 몸에서 배출하려고 시도한다.

대부분의 사람이 잘못된 영양 섭취, 약물 오용 혹은 마약 복용이 즉각 불편한 신체적인 반응을 불러온다는 사실을 알고 있다. 하지만 오랫동안 자신에게 맞지 않는 직업에 종사하거나 인간관계를 유지하고 또는 부적합한 환경에서 살 경우, 우리의 정신이 육체에 이와 비슷한 증상을 불러일으킨다는 사실은 알지 못하는 사람이 많다. 이런 경우에도 중독되었을 때와 비슷한 생화학적 반응이 일어난다. 약품이나 마약을 복용하든 아니면 지속적으로 직관을 무시하든, 그것이 초래할 위험이 크면 클수록 몸은 모든 수단을 동원해서 그런 행동을 중단시키려고 한다. 신경전달물질과 호르몬으로 인해 우리는 우리 몸에 해가 되는 요소에 신체적으로든 정신적으로든 비슷한 증상으로 반응한다. 구역질, 위경련, 불쾌한 수준의 열감, 현기증, 통증, 저림, 부정맥 등이 나타나는 것이다. 유일한 차이가 있다면, 약물로 인한 경고 신호는 대체로 즉각 감지할 수 있지만, 정신이 보내는 경고는 대부분 부드럽게 시작돼서 즉각 인지하지 못한다는 것이다. 그러나 정상적인 신호를 반복해서 무시하면 격렬해진다.

정신 계통의 약,
축복인가 저주인가?

항우울제는 결코 문제를 해결하지 못한다

많은 의사가 환자들이 가능한 한 빨리 심리적인 안정을 찾게 하기 위해 약을 처방한다. 이런 면에서 볼 때 항우울제가 전 세계에서 가장 많이 처방되는 약품에 속하는 것은 놀랄 일이 아니다.

우울증이나 두려움으로 고통받는 사람들은 뇌에서 세로토닌과 노르아드레날린이 너무 적게 방출되기 때문에 흔히 항우울제를 처방받는다. 이런 신경전달물질은 기쁨과 경쾌함을 느낄 수 있게 해준다. 항우울제는 이런 호르몬이 더 많이 방출되도록 작용한다. 적어도 이론적으로는 그렇다. 그런데 실제로는 어떨까? 내 환자들의 말에 따르면, 병원에 입원해 있을 때 원하는 효과가 나타나지 않아서 항우울제를 5가지 정도 처방받았다고 했다. 한 환자는 효과가 좋은 약을 처방받는 것은 모래알에서 진주를 발견하는 것처럼 흔치 않은 일이라고 했다.

이 주제에 관한 최근의 연구 결과를 살펴본 사람이라면 이런 말에 크게 놀라지 않을 것이다. 펜실베이니아대학의 제이 퍼니어는 6가지 연구 결과를 평가해 우울증의 정도가 심각한 환자들에게서만 항우울제가 효과를 나타냈다는 사실을 입증했다. 이런 약품을 처방받는 환자 전체의 수를 고려할 때, 이들 가운데 대략 25퍼센트만이 긍정적인 효과를 보았다는 연구 결과도 있다. 다시 말해, 75퍼센트의 환자는 긍정적인 효과를 보지 못했다는 의미다. 심지어 많은 환자가 불쾌한 부작용을 경험했다고 호소했다.

항우울제는 원래 문제가 발생한 곳, 그러니까 연결되어 있는 뉴런을 공격하지 않는다. 항우울제는 신경전달물질 관리를 조종해서 환자가 고통을 덜 감지하게 만들 뿐이다. 어디에선가 자동차의 냉각수가 새는데, 물이 새는 틈새를 수리하지 않고 엔진을 망가뜨리지 않으려고 매일 냉각수를 채워 넣는 것이나 마찬가지다. 시간이 지나면서 구멍은 점점 커지고, 냉각수를 계속 채워 넣다 보면 운전할 수 없는 상태가 된다. 당연한 말이지만, 냉각수가 부족하다는 것만 관찰하고 이것을 채우려고 애쓰기보다는 틈새를 찾아 수리하는 것이 훨씬 영리한 대처다.

공포가 엄습했을 때도 마찬가지다. 공포가 생겨난 바로 그곳에서 공포가 사라지게끔 특별한 트레이닝을 통해 뇌를 구조적으로 바꾸는 게 훨씬 영리한 방법이다. 뇌의 특정 부위에서 생각이나 사고가 자동화되는데, 트레이닝을 통해 바로 이곳을 변화시키는 것이다. 공포를 없애준다는 약품을 복용하는 것은 물이 새는 자동차에 냉각수를 지속적으로 채워 넣는 행동이나 마찬가지다. 그런 약들은 필요한 수리를 미루게 할 뿐 결코 근본적인 문제를 해결하지 못한다.

지금 당장 정신 계통의 약을 끊어라

두려움을 느끼는 사람들에게 항우울제 외에 흔히 처방되는 약품이 있다. 바로 중독성이 높은 진정제 벤조디아제핀 benzodiazepine이다. 현재 이 성분이 함유된 약이 대략 20가지 정도 유통되고 있다. 우리 치료실에서도 디아제팜diazepam과 로라제팜lorazepam을 쉽게 볼 수 있다. 이런 약품은 효과가 아주 빨리 나타난다. 대체로 20분 정도면 나타난다. 두려움을 느끼지 못하게 하는 작용이 너무 빨리 나타나기 때문에 복용 후 금세 두려움을 느낄 위험 또한 매우 크다.

안타까운 일이지만, 이 약을 규칙적으로 14일 이상 복용하면 몸이 이 성분을 원하게 된다. 이렇게 벤조디아제핀에 중독되면, 약을 갑자기 중단했을 때 매우 강력한 금단 현상이 나타난다. 따라서 이 약품은 전혀 복용하지 않거나 가능하면 비상시에만 복용하는 게 좋다. 벤조디아제핀은 두려움을 완화시켜줄 뿐이지 항우울제와 마찬가지로 문제 자체를 해결해주지 않는다. 이런 약품으로 인해 어떤 부작용이 일어날 수 있는지 살펴본다면, 두려움과 공황을 완화시키는 정신 계통 약품은 대부분의 경우 축복이 아니라 저주라는 생각이 들 것이다. 이와 관련, 정말 중요한 사실을 언급하고 넘어가겠다.

당신이 이미 정신 계통의 약을 먹고 있다면, 더 이상

실수를 범하지 말고 이 약들을 끊기를 바란다.

이런 약들을 갑자기 중단하면 격렬한 반응이 나타날 수 있다. 그러므로 이런 약을 복용했다면 의사와 상의해서 천천히 끊어야 한다. 장기간에 걸쳐서 용량을 점점 줄여 나가야 한다. 이 책에 소개한 연습법을 몇 주 성공적으로 실행한 다음에 약을 끊어도 참을 수 있겠다는 확신이 섰을 때 시도하라.

건강의 열쇠는 자기 책임과 자존감이다

건강의 열쇠는 바로 당신에게서 찾아야 한다. 오로지 당신만이 당신의 삶에 책임이 있기 때문이다. 사회도, 의사도, 당신의 가족도 당신이 무엇을 하고 무엇을 그만둘 것인지 최종적으로 결정해서는 안 된다. 그 누구도 당신에게 결코 도움이 되지 않는 성분의 약을 삼키라고 강요할 수 없다. 더 이상 편안하지 않은 관계를 계속 유지해 나가야 한다고 당신에게 요구할 수 없다. 매일 불행하게 느껴지는 직장에 계속 다녀야 한다고 그 누구도 요구할 수 없다. 사랑과 존경을 받을 수 없는 환경에 계속 머물러야 한다고 당신을 속박할 수 없다. 누구도 그렇게 할 수 없다. 오로지 당신만이 할 수 있다!

상황이 이런 지경에 이른 책임이 오로지 당신에게 있다고 말하려는 게 아니다. 다만 당신의 고통을 단번에 끊어버릴 수 있는 길을 보여주려는 것이다. 당신이 자신의 삶에 대한 책임을 온전히 떠맡을 준비가 되어야만, 자유롭고 가벼운 삶을 살아갈 수 있다. 또한 변화에 대한 두려움을 떨쳐버려야 한다. 두려움 때문에 참을 수 없는 환경에서 웅크리고 살아가는 사람들이 많다. 그러나 이렇게 살면 안 된다. 이 책을 계속 읽으면, 변화가 쉬울 뿐 아니라 재미도 있다는 것을 알게 해주는 전략들을 만나게 될 것이다. 이런 전략들 가운데 하나는 잘못된 신념을 발견하는 것이다. 다시 말해, 우리가 매일 스스로에게 꾸며대는 거짓말을 발견하는 일이다. 이에 관한 이야기를 들려주겠다.

도리스는 수년 전부터 엄청난 규모의 주택을 관리하는 일을 하고 있다. 처음에 동료와 함께 일했던 그녀는 320가구 정도를 관리했다. 그런데 동료가 임신해서 직장을 그만두면서 도리스는 모든 일을 혼자 도맡아야 했다. 물론 그녀의 월급은 과중한 업무와 비례해 늘어나지 않았다. 이 회사에서 일한 9년 동안 그녀가 관리해야 할 주택은 500가구 이상으로 늘어났다. 그 모든 가구에서 벌어지는 문제를 그녀 혼자 고스란히 도맡아서 해결해야만 했다. 사장이 다른 직원을 고용하지 않았기 때문이다. 사장은 도리스가 일을 마무리하기 위해 주말에 서류를 가져가는 모습을 보고도 못 본 척했다. 그녀의 결혼 생활은 점점 위기에 빠졌다. 딸과 몇몇 남지 않은 친구들과의 관계도 나빠졌다. 여가 시간이 별로 없어서 친구들을 만날 수 없었을 뿐만 아니라 퇴근 후 딸을 보살필 힘조차 남아 있지 않았다. 그러다가 갑자기 감당할 수 없는 두려움이 찾아오자, 도리스는 자신의 삶을 바꿔야 한다는 생각을 갖고 베를린에 있는 나의 치료실에 찾아왔다.

그녀의 이야기를 다 듣고 나서 나는 이렇게 물었다. 그렇게 조건이 좋지 않은데 왜 몇 년 전에 다른 직장을 알아보지 않았느냐고 말이다. 총알처럼 대답이 나왔다. "그렇게 간단한 일이 아니에요. 나는 지금 마흔아홉 살이에요. 이 나이에 새로운 직장을 알아보는 것은 결코 쉬운 일이 아니랍니다. 게다가 내가 받는 월급이 꽤나 괜찮거든요. 다른 직장에서는 그만큼 벌기 어려워요. 더 적은 월급을 받더라도 일하려는 젊은 사람들이 얼마나 많은데요."

그래서 나는 도리스에게 왜 그렇게 확신하는지, 혹시 다른 회사에 지원한 적이 한 번이라도 있는지 물어보았다. 불행하게도 도리스는 자신의 생각이 맞다고 확신한다며, 다른 회사에 지원해본 적은 없다고 말했다. 나는 부탁했다. 앞으로 함께 일할 수 있는 새로운 고용주를 한번 상상해보자고 말이다. 그들은 그녀를 고용할까? 경험이 풍부하며, 9년 전부터 혼자서 500가구를 관리하고 있는 마흔아홉 살 여자를? 온갖 세입자를 다루어본 경험이 있고 여러 가지 문제를 해결하기 위해 자기 확신과 독자성을 갖춘 직원을? 아니면 경험이 부족하지만 적은 급여를 줘도 되는 젊은이를 채용할까? 아버지뻘 되는 세입자가 화를 내는 상황을 누가 더 잘 처리할 수 있을까?

이런 이야기를 들으며 도리스는 자신이 불리하다고 생각했던 점들이 노동 시장에서는 엄청난 장점이라는 사실을 깨달았다. 나를 찾아왔던 그 주에 도리스는 다른 주택관리회사 두 군데에 지원했는데, 두 회사 모두 그 자리에서 그녀를 채용하고 싶어 했다. 도리스는 아직 사표를 내지 않은 상태였기에, 두 회사와 자신의 월급을 놓고 협상할 수 있었다. 3개월이 지난 후 그녀는 직장을 옮겼다. 그러자 그녀를 괴롭히던 두려움도 사라졌다. 그녀는 예전에 500가구를 관리했으나 이제 180가구만 관리한다. 월급도 450유로나 올랐다. 주말에는 쉴 수 있게 되었다. 새로운 직장은 예전 직장에 비해 집에서 가까워서 출근 시간이 15분이나 줄어들었다. 이 얼마나 멋진 결과인가! 바꾸겠다는 결정을 왜 진작 하지 못했을까 아쉬울 뿐이다.

스스로 만들어낸 거짓말에 속지 마라

치료실에서 나는 거의 매일 이런 이야기를 듣는다. 사람들은 그게 정말 사실인지 따져보지도 않고 자기 자신을 설득시키기에 바쁘다. 이에 관한 연구 자료들에 따르면, 우리는 매일 많으면 70회 정도 자기 자신에게 거짓말을 한다. 특별한 근거도 없이 잘못된 생각으로 말이다. 그런데 어리석게도 이런 생각들 하나하나가 우리 삶과 안위에 영향을 준다. 어렸을 때 부모님에게서 이런 태도를 배운 사람들은 이런 사고방식과 정반대되는 사고방식을 배우고 연습하면 많은 도움을 받을 수 있다.

미국의 베스트셀러 작가 바이런 케이티는 자신의 책 《작업The Work》에서 이런 과정을 잘 설명했다. 나는 내 환자들에게 이 책을 적극 추천한다. 이 책에서 설명하는 기술을 적용하면 살아가면서 매일 자신을 힘들게 만드는 크고 작은 거짓말의 가면을 벗기는 연습을 할 수 있다. 게다가 시간이 지나면서 점점 더 많은 기회를 알아차리게 되고, 이것을 이용할 수 있게 된다. 이렇게 하면 보다 적극적으로 행복을 만들어 나갈 수 있다. 더 이상 우리의 뇌 안에서 불필요한 두려움과 공포가 나타나도록 프로그래밍되어 있는 자동화 장치를 찾아볼 수 없게 된다.

이제 자기 책임이 무엇인지 어느 정도 이해할 수 있을 것이다. 그렇다면 자존감은 또 어떤 것일까? 마약을 투여해 계속 현실에서 도피하려는 사람은 왜 그렇게 하는 것일까? 왜 수백

만 명의 사람들이 각성제 같은 약을 복용하는 것일까? 왜 많은 사람들이 저녁이면 자신의 실망과 절망을 술로 달래는 것일까? 왜 많은 사람들이 쓸데없이 쇼핑을 하는 것일까? 아무리 물건을 사들여도 외롭고 텅 빈 마음에 위로가 되지 않는다는 사실을 알고 있는데도 말이다. 왜 사람들은 이토록 나약한 자존감을 갖게 되었을까? 이미 건전한 자존감을 가지고 있는 사람들은 어떻게 해서 그렇게 된 걸까? 어린 시절의 환경이 상당한 영향을 주었을 것 같지만, 실제 연구 결과에 따르면 그렇지 않다. 가장 최근에 이루어진 연구들에 따르면, 나이가 많이 들었을 때의 환경도 행동 패턴에 영향을 많이 주며, 자존감에도 영향을 준다.

모든 것은 우리가 자신에게 솔직해지는 것에서 출발한다.

지금까지 구축해놓은 삶에 진정 만족하는가? 지금과는 상황이 달라질 수 있었던 과거의 어느 시점에 변화의 기회를 놓

처버린 것을 후회하는가? 인정하고 싶지 않지만, 어쩌면 오래 전에 악몽임이 드러난 꿈에 몇 년 동안 매달려 있지는 않은가? 한때는 꿈에 그리던 직장이었으나, 이제 그런 생각은 이루어지기 힘든 한낱 꿈에 불과하게 되어버렸을지도 모른다. 이런 이유로 우리는 매일 고통받아야 할까?

사랑하거나, 떠나거나, 바꾸거나

어쩌면 과거 꿈에 그리던 배우자가 불행의 원인일 수도 있다. 꿈꿨던 사람과 결혼했지만 정작 이제는 더 이상 사랑하지 않게 되었고, 오로지 자식들 때문에 함께 살고 있을 수도 있다. 자식이 있는 부모라면 알 것이다. 자식들은 우리가 원하든 원하지 않든 우리 행동을 모방한다는 사실을. 더 이상 행복하다고 느끼지 못하는 관계를 유지하면서 우리가 아이들에게 무엇을 가르쳐줄 수 있을까? "사랑하는 아이야, 만일 네가 훗날 자식을 갖게 되면 아무리 불행하더라도 이혼해서는 안 된다. 자식들이 커서 독립하고 대학을 마쳤을 때, 그때는 네가 원하는 삶을 살렴!" 이렇게 자식들에게 충고하고 싶은가? 아니라고?

그렇다면 왜 당신은 자신에게 그런 충고를 하고 불행한 환경에서 살고 있는가? 자식들이 훗날 당신처럼 그렇게 고통스러워하면서 살기를 원하는가?

어쩌면 회사나 부부 사이에 문제가 전혀 없을 수도 있다. 그렇다면 점점 분위기가 삭막해져가는 집안이 문제일 수도 있다. 공통된 관심사를 갖지 못하는 친구들이 문제일 수도 있다. 실제로 나를 찾아온 환자들 가운데 70퍼센트 이상이 3가지 분야에서 공포를 느낀다고 호소했다. 바로 남녀관계, 직장, 사적환경이다. 10명 중 7명은 지금까지 살아온 삶의 열매를 정직하게 볼 필요가 있었다. 현재 자신의 문제를 해결하기 위해 이미 오래전에 변화했어야 하는 것은 아닌지 알아내기 위해서 말이다.

4장에서 나는 변화를 위해 필요한 힘을 어떻게 찾고, 앞으로 똑같은 실수를 반복하지 않으려면 무엇을 해야 하는지 상세하게 설명할 것이다. 그렇다고 심각하게 걱정할 필요는 없다. 당신에게 당장 차가운 물에 뛰어들라고 요구하지는 않을 테니까. 건강으로 이어지는 길은 거칠지 않다. 다만 가벼운 걸

음으로 많이 걸어가면 된다. 약간 다르게 하는 것으로 시작
하면 된다. 이 책의 서두에 소개한 아인슈타인의 말을 기억하
는가.

"바보 같은 짓 가운데 그야말로 최고봉은 항상 똑
같은 행동을 하면서 다른 결과가 나오기를 기대하는 것
이다."

미국의 전설적인 사업가 헨리 포드는 이 말을 좀 더 강력
하게 이렇게 표현했다.

"사랑하거나, 떠나거나, 아니면 바꿔라."

어떤 경우에든 항상 3가지 가능성이 있다. 그 상황을 사랑
하거나, 아니면 떠나거나, 바꾸는 것이다. 이렇게 하기 위해 먼
저 던져야 할 질문이 있다. 당신은 자신을 다시금 소중한 사람
으로 존중하는가? 당신이 당신 자신을 사랑해야만, 당신이 잘

지내야만 가족과 친구들을 위해 힘을 낼 수 있고 에너지를 쓸 수 있다. 마음이 편안해야만 회사에서도 소중한 직원이 될 수 있고, 회사를 위해 영감을 쏟을 수 있다. 다시 행복해지려면 진정 당신에게 필요한 것이 무엇인지 찾아봐라. 여기에서 정말 중요한 것은 다른 사람들이 당신에게 기대하는 바가 아니라 당신이 정말 원하는 것이 무엇인가 하는 점이다. 이는 건전한 이기주의라고도 부를 수 있다.

싫어하는 것보다 좋아하는 것에 주목하라

오늘 당장 당신이 하고 싶은 일의 목록을 만들어라. 산책, 수영, 그림 그리기, 독서, 친구들과 바비큐 즐기기, 춤추기, 음악을 듣거나 직접 연주하기 등 무엇이든 재미 있을 것 같은 일을 모두 써본다. 이 목록에 기록되어 있는 모든 것은 당신이 에너지를 보충하는 데 도움이 되는 것들이다. 듣기 좋은 말이지만, 도무지 그런 일을 할 시간이 없다고? 재미있는 일만 하다 보면 꼭 해야 할 의무들을 제대로 해낼 수 없을 거라고 생각할 수도 있다.

이렇게 생각하는 것은 건전지가 다 닳아가는 손전등을 들고 어두운 터널을 지나가면서 충전할 시간이 없다며 자신을 계속 설득하는 것과 비슷하다. 하지만 건전지가 닳아 완전히 깜깜한 곳에 서서 방향감각을 잃은 채 차가운 벽을 더듬다 보면 당신이 우선순위를 완전히 잘못 정했다는 사실을 고통스럽지만 분명하게 깨닫게 될 것이다. 시간을 내서 제때 충분히 충전했더라면 두 배는 더 빨리 터널에서 빠져나왔을 것이다. 완전히 충전된 건전지를 끼워두면 손전등은 길을 훨씬 밝게 비출 것이고, 그러면 당신은 더 빨리 터널에서 벗어날 수 있을 테니까.

어쩌면 당신은 내 환자들처럼 당장 무엇을 하면 재미있는지 떠오르지 않을지도 모른다. 이런 경우 나는 환자들에게 무엇을 하기 싫은지 물어본다. 그러면 즉각 대답을 줄줄이 늘어놓는다. 이런 상황이니 좋아하는 일이 바로 떠오르지 않는 것은 지극히 당연하다. 뇌는 당신이 좋아하는 것보다 싫어하는 것을 훨씬 더 잘 인지하게끔 훈련되어 있다. 어떤 청년이 몇 년 동안 아령으로 왼쪽 팔을 단련하면서 오른쪽 팔은 전혀 쓰지 않았다. 이때만 해도 오른쪽 팔은 지극히 정상이었다. 그런데 왼쪽 팔은 점점 근육질이 되어갔지만, 오른쪽 팔은 약해져만 갔다. 몇 년 뒤 왼쪽 팔은 50킬로그램을 들 수 있을 정도가 됐지만, 오른쪽 팔은 5킬로그램도 죽을 힘을 다해야 들어 올릴 수 있었다.

이런 불균형을 빨리 해소하려면 어떻게 해야 할까? 그렇다. 오른쪽 팔을 훈련하고, 대신에 왼쪽 팔은 가만히 내버려두면 된다. 필요하다고 해서 근육을 빼는 훈련을 하는 것은 힘들 듯, 끊임없이 생각한다고 해서 문제가 해결되는 것은 아니다. 오히려 결함이 있는 곳을 신경써야 한다. 이 경우, 뉴런 연결이 없는 곳에 주목해야 한다. 어쩌면 이 청년은 이렇게 말할지도 모른다. "오른쪽 팔을 훈련할 수 없어요, 이건 너무 약하거든요. 그러니 왼쪽 팔로 연습해도 될까요?" 이런 경우 다음과 같이 대답하면 된다. "바로 그렇기 때문에 오른쪽 팔을 훈련해야 돼. 그러면 빠른 시일 안에 오른쪽 팔의 근력도 늘어날 거야!"

당신도 뇌를 몇 주 동안만 훈련한다면 다시금 행복, 경쾌함, 기쁨을 느낄 수 있다. 물론 술이나 약을 먹어서 무감각하게 만드는 것보다는 힘든 일이다. 하지만 훈련할 만한 가치는 분명히 있다. 나를 찾아왔던 많은 환자들이 매일 15분간 6주 동안 심리훈련을 했더니 삶의 느낌을 완벽하게 누릴 수 있었다. 당신이 충분히 강해지면 어떤 외적 요소가 당신에게 공포를 유발하는지 알 수 있다. 그러면 이런 영향력에서 단계적으로 해방될 수 있을 것이다.

"오로지 자신만이 나의 삶에 책임이 있다!"

- 공황을 일으키는 것으로 알려진 몇 가지 약품이 있다. 다행히 이런 약품은 다른 것으로 대체할 수 있다. 의사와 상의해보라.

- 오직 당신만이 당신의 삶에 책임을 질 수 있다. 힘든 남녀관계, 죽어도 하기 싫은 일을 하면서 살기에 인생은 너무 짧다. 인정받지도 못하고 사랑받지도 못하는 환경에서 살아갈 필요는 없다. 다음과 같은 원칙에 따라 사는 방법을 배워라. "사랑하거나, 떠나거나, 바꿔라."

- 가득 충전된 건전지라야 충분한 에너지를 방출할 수 있다. 건전한 이기주의는 배우자로서, 부모로서, 그리고 직원으로서 일을 만족스럽게 해낼 수 있는 기본 조건이다.

- 중요한 것은 공포에서 벗어나는 게 아니라 당신을 잘 살아갈 수 있게 해주는 사람들과 과제들로 환경을 만들어 나가는 것이다. 이렇게 되면 공포는 신속하게 엄습했던 것처럼 신속하게 사라진다.

4장

공포는 배우고 습득하는 행동일 뿐이다

공포는 습득한 경험이기에
치유 가능하다

공포는 대부분 오류에 의한 뇌 자동화 때문에 나타난다. 공포는 배우고 습득하는 행동인 까닭이다. 다행스럽게도 뇌 연구 덕분에 그런 행동 패턴이 뇌에 어떻게 저장되는지 알 수 있게 되었다. 이런 정보 덕분에 몇 주 정도만 노력하면 이를 제거하는 대응 프로그램을 통해 우리가 더 이상 원치 않는 행동을 하지 않을 수 있게 되었다. 이미 몇 가지 치료를 받았으나 아무런 효과도 보지 못했던 경험이 있는 사람이라면 이 말에 동의하기 어려울 수도 있다. 하지만 분명히 말하건대, 당신을 도울 수 있는 방법이 있다. 대부분의 공포나 두려움은 5장에 상세하게 소개할 특수한 심리훈련을 하면 6~12주면 완전히 극복할 수 있다.

공포는 습득한 행동이다

이런 상상을 해보라. 두 살쯤 된 아이가 방 한가운데 앉아 블록을 가지고 놀고 있다. 어머니는 가장자리에 앉아 긴장한 채 이 모습을 지켜보고 있다. 갑자기 처음 보는 커다란 개가 방 안으로 들어오더니 아이에게 접근한다. 개를 인지한 아이가 첫 번째 보이는 반응은 어머니를 쳐다보는 것이다. 그 상황 자체가 아니라 어머니의 행동이 아이의 행동을 결정한다. 아이는 개를 두려워하든가 아니면 호기심에 차서 개를 만져보거나 둘 중 하나의 행동을 택할 수 있다. 아이가 어머니의 얼굴에서 두려움을 발견하면 금세 울음을 터뜨릴 것이다. 하지만 어머니가 웃고 있는 모습을 본다면 아이는 개에게서 위험을 느끼지 않고 개를 만지고 탐색할 것이다. 이런 결과는 거울뉴런 때문에 나타난다. 우리는 어릴 적부터 가까운 사람들의 태도를 거울처럼 비춰서 우리에게 좋은지 나쁜지 본능적으로 배운다. 바로 이런 이유 때문에 어렸을 때 개와 함께 많이 놀았던 아이들은 개에 대한 공포증이 거의 나타나지 않는 것이다.

인간에게는 유전적으로 타고난 2가지 원시적 공포가 있

다. 하나는 아주 높은 것에 대한 공포이고, 다른 하나는 시끄러운 소리에 대한 공포다. 다른 모든 공포는 살아가면서 습득한다. 공포는 대부분 여섯 살 이전에 습득한다. 여기서 습득한다는 말은 뉴런 차원에서 이뤄진다는 뜻이다. 인간의 뇌는 많은 시냅스를 만들어내는데, 공포에 따른 행동은 거의 자동적으로 나온다. 변화를 지극히 두려워하는 사람들을 보면, 이들의 부모가 그렇게 행동한 경우가 많다. 모든 형태의 변화를 두려워하는 부모들은 수십 년 동안 좋아하지 않는 직업에 종사했거나, 서로 사랑하지 않지만 자식들 때문에 어쩔 수 없이 함께 살았을 가능성이 높다. 이런 상황에서 이들은 어렸을 때부터 자신들의 거울뉴런을 통해 부모의 특정한 행동 패턴을 습득하고 이를 뉴런에 저장해둔다.

하지만 다행스럽게도 배운 것은 잊어버릴 수 있다. 누구도 당신이 좋아하지 않는 삶을 살라고 강요할 수 없다. 이런 과정에서 당신을 도와줄 수 있는 기술도 존재한다. 물론 이는 뇌 연구가 발달한 덕분에 가능해진 것이다. 그런데 이런 기술은 현재 표준 치료법으로 이용되고 있지 않다. 대부분의 환자와 심리치료사들이 두려움과 공포를 극복하기 어렵다고 생각하는 이유는 이런 분위기에도 어느 정도 원인이 있다.

표준 치료법은 왜 공포를 더 강화시킬까?

1970~1990년대에 밝혀진 뇌에 관한 많은 사실들이 오늘날 잘못된 것으로 증명됐다. 그런데도 그 당시에 혹은 그 이전에 개발된 치료법이 현재까지 표준 치료법으로 이용되고 있다. 수년 동안 심리치료를 받았는데도 두려움과 공포로 고통스러워하는 사람이 여전히 많은 게 전혀 놀랍지 않은 것은 바로 이 때문이다.

1990년대 중반까지만 해도 성인의 뇌는 크게 변하지 않는다고 보았다. 그러나 에릭 캔델 교수 등 위대한 몇몇 학자들 덕분에 이는 사실과 다르다는 것을 알게 되었다. 우리의 뇌는 매일 뇌를 사용하는 방식에 적응하면서 끊임없이 변한다. 런던의 택시 운전자들을 대상으로 실시한 연구에 따르면, 이들의 뇌는 방향감각을 담당하는 영역이 사무실에서 일하는 회사원들에 비해 확실하게 더 큰 것으로 나타났다. 뇌의 이런 능력을 신경의 조형성이라고 한다.

독일에서 공포 때문에 병원을 방문한 환자들에게 적용하는 모든 심리치료법은 뇌가 변할 수 있다는 것을 인정하지 않았던 시대에 만들어졌다. 이런 치료법은 대부분 30~60년 전에 정립되었다. 정신분석이 적용된 지는 120년도 더 넘었다. 지금까지 전해 내려오는 모든 심리치료법은 우리가 성장하면 뇌가 어느 정도 완성된다는 생각을 바탕으로 한다. 특정한 나이가 되면 뇌는 더 이상 변할 수 없다고 보는 것이다.

그렇다면 지금까지 시행해온 기존 치료 과정들이 과연 얼마나 성공을 거뒀을까? 물이 꽁꽁 얼어 있는 모습만 아는 보트 제작자가 여러 가지 보트를 만들었다고 치자. 여름이 와서 얼음이 갑자기 녹았을 때, 그가 만든 배가 물에서 잘 움직일까?

특정 부위가 눈에 띄게 발달한 택시 운전사의 뇌처럼 당신의 뇌도 매일 어떻게 이용하느냐에 따라 달라질 수 있다. 수년 동안 걱정만 하다 보니 무슨 일이 생기면 칭찬보다는 비판을 먼저 하게 되지는 않았는가? 어렸을 때부터 결과에 실망하지 않으려는 생각이 과시적 비관주의를 만들어내지는 않았는가? 그렇다면 당신의 뇌는 기회보다 문제를 훨씬 더 잘 발견하게 된 것이다. 꿈을 실현할 수 있는 방법보다는 실현할 수 없는 원인을 훨씬 빨리 발견하게 된 것이다. 그러나 이 세상에 해결책보다 문제가 더 많다고 하긴 어렵다. 당신의 뇌가 하나의 면만 보고 다른 것은 간과하는 방식으로 훈련되어 있는 까닭에 그렇게 느끼는 것 뿐이다.

충분히 오랫동안 공포에 훈련된 뇌는 언젠가 반드시 공황을 겪거나 우울증에 빠진다. 그런데 뇌를 공포와 두려움이라는 방향으로 훈련할 수 있다면, 경쾌함과 기쁨이라는 방향으로도 훈련할 수 있지 않을까? 실제로 몇 주 동안 훈련하면 이렇게 방향을 전환할 수 있다. 뇌 연구가들은 이렇게 말한다. "함께 신호를 발사하는 뉴런들은 서로 연결되어 있다." 바로 시냅스를 통해 뉴런들은 서로 연결되어 있다. 새롭게 개발된 심리훈련을 통해 시냅스들로 하여금 긍정적인 정보에 신호를 발사하게 만들 수 있다. 그러면 서로 연결된 시냅스들을 통해 당신의 뇌에 긍정적인 자료들로 이루어진 새로운 길이 생겨나게 된다.

이렇듯 새로 생긴 시냅스 길이 강력해질수록 긍정적인 생각은 더 자주 하게 되고, 두려움에 가득 찬 생각들은 점차 줄어든다. 3주 동안 걱정보다 긍정적인 생각을 더 많이 하면, 당신의 몸은 당신이 공포를 적극적으로 극복해내도록 돕기 시작한다. 이때부터 세포가 갱신하는 법칙은 당신을 반대하는 방향이 아니라 위해주는 방향으로 작동한다. 뇌 연구가들 사이에서 인기 있는 또 다른 말이 있다. "사용하거나 잃어버려라!Use it or lose it!" 규칙적으로 움직이지 않는 근육들이 위축되듯, 자주 사용하는 근육은 점점 강화된다. 뇌 역시 마찬가지다. 공포를 저장해둔 시냅스 연결을 오랫동안 이용하지 않으면 당연히 줄어든다. 반대로 끊임없이 공포를 생각하면 시냅스는 공포를 일반화하고 점점 더 퍼지게 만든다.

당신도 이제 눈치챘을 것이다. 왜 많은 기존 치료법이 환자들에게 안정감과 경쾌함을 되찾게 하는 데 지나치게 오랜 시간이 걸리는지 말이다. 그룹치료, 대면치료, 공포에 관한 규칙적인 면담들은 해체되어야 하는 뉴런 연결을 한결 더 강화시킨다. 이런 치료법에서 긴장을 해소하기 위한 보조 기술로 적용하는 기공, 근육이완법들, 그리고 자생적 훈련법은 약간의 위로만 줄 뿐이다. 이런 기술들은 공포가 자리 잡고 있는 뉴런 다발을 거의 바꾸지 못한다. 흔히 사용되는 호흡법도 뇌의 자동화를 신속하게 되돌려놓는 능력이 없다. 공포는 그것이 생겨난 곳에서만 제거할 수 있다. 바로 뇌에서 공포의 뉴런 구조를 차단해야 한다.

상처를 헤집을 뿐인 대면치료법

소위 말하는 대면치료법 혹은 노출요법을 실시하면 뉴런 연결이 아주 많이 만들어진다. 유감스럽게도 주로 잘못된 방향으로 그렇다. 왜 그럴까? 대면치료법을 시행할 때 치료사는 환자를 그가 특히 두려워하는 상황으로 인도한다. 이렇게 해서 환자에게 그가 느끼는 공포심이 근거가 없다는 사실을 알려주고, 무엇보다 환자가 그런 공포심에서도 살아남았다는 점을 강조한다. 이런 고문을 자주 할수록 환자의 공포심이 무뎌질 것이라는 게 바로 이런 치료법의 의도다.

그러나 이런 치료법은 공포를 느끼는 초기 단계에서만 성공률이 높다. 연구 결과, 10명 가운데 7명은 대면치료법으로 인해 상황이 더욱 심각해졌다. 치료받는 사람은 이성적으로는 물론 두려운 상황이 자신을 죽일 정도는 아니라는 사실을 알고 있지만, 오랫동안 두려움과 이 상황에서 벗어나고 싶다는 생각을 하기 때문에 부정적인 경로가 강화된다. 생각은 뇌에서 서로 연결된 뉴런에 저장되는데, 뉴런 연결망은 생각의 기초를 이루는 감정이 격렬할수록 크게 활성화된다. 대면치료를 받을 때마다 환자들의 뇌 속에선 몇백 가지 긍정적인 시냅스가 형성되는 반면 몇천 가지 부정적인 시냅스가 만들어진다.

무엇보다 뇌에 보다 확실한 환경을 새롭게 만들어놓고, 그다음에 긴장을 완전히 푼 상태에서 두려움 없이 치료를 받는 게 훨씬 현명한 방법이다. 이에 관해서는 뒤에 자세히 설명하겠다.

과거를 파헤치는 정신분석

정신분석은 공포로 고통받는 환자에게 부정적인 영향을 줄 가능성이 더 크다. 정신분석에서는 어린 시절을 철저히 파헤치는데, 이는 오로지 어린 시절의 트라우마가 무엇인지 발견하기 위해서다. 정신분석에서는 우리가 어른이 되어서 이런저런 심리적 문제를 느끼는 원인이 바로 어린 시절의 트라우마에 있다고 본다. 물론 어린 시절의 경험이 성격을 형성하는 바탕이 되는 것과 이후 우리 삶에 영향을 준다는 사실을 부정하려는 것은 아니다. 그러나 이런 영향력은 우리가 오랫동안 믿어왔던 것만큼 그렇게 중요하지 않다. 우리의 유전자, 성장한 뒤의 사회 환경, 우리가 어머니의 배 속에서 받은 모든 것도 어린 시절의 경험만큼이나 중요하다.

오늘날 밝혀진 사실에 따르면, 위의 네 요소 가운데 적어도 2가지가 부정적으로 작용해야만 훗날 어른이 된 우리의 삶에 어떤 결과를 초래할 수 있다. 이런 결과가 얼마나 중요한지는, 나머지 요소들이 얼마나 긍정적 혹은 부정적으로 작용하느냐에 달려 있다. 예를 들어 좋은 친구나 마음이 따뜻한 이모나 고모 한 사람은, 나쁜 유전자나 무심한 부모가 아이에게 준 상처를 크게 치유할 수 있다.

의학이나 정신분석학에 관해 전혀 아는 게 없어도 건전한 이성만 지니고 있으면, 어린 시절의 경험들 가운데 트라우마를 불러일으킨 경험만 집중적으로 분석하면 잘못된 결과를 초래할 수 있다는 사실을 충분히 짐작할 수 있다. 어린 시절의 부정적인 경험이 실제로 훗날 어른이 되었을 때 다양한 정신적인 장애를 불러온다고 가정해보자. 그렇다면 제1차 세계대전이나 제2차 세계대전 때 태어난 아이들은 모두 정신적 장애를 가질 수밖에 없다는 결론에 이른다. 수년 동안 일어난 살인, 강간, 폭격, 추방과 굶주림을 견디는 것보다 더 심각한 트라우마란 있을 수 없기 때문이다. 그런데 신기하게도 1·2차 세계대전 때 태어나 자라난 세대들은 신체적으로는 물론 정신적으로도 지극히 건강한 사람이 많다. 심지어 어린 시절에 겪었던 어려움이 성장 과정에서 심리적으로 도움이 된 것으로 보이기도 한다.

그 시대에 자라난 유명한 사람들을 찾아보라. 그들 가운데 그 어떤 사람도 어린 시절을 평탄하게 보내지 않았다는 사실을 발견하게 될 것이다. 그렇다고 해서 아이들을 불필요하게 힘들게 만들어야 한다고 이야기하는 것은 결코 아니다. 우리학교 체계와 사회가 아이들을 충분히 힘들게 하고 있으니 말이다.

어린 시절에 힘겨운 경험을 했고 이런 경험을 잊어버리는 편이 훨씬 낫다고 생각한다면, 그냥 그대로 내버려둬라. 여기에서 에카르트 폰 히르슈하우젠 박사의 말을 다시 인용하고 싶다. 그는 다음과 같은 말로 이런 상황을 적절하게 표현했다.

"우리 어린 시절은 그야말로 똥shit이었을 수도 있습니다. 똥 한 단지를 무릎 위에 올려놓고 2년 동안 휘휘 저어본들 도대체 무슨 좋은 일이 있겠습니까? 그 안에서 금이 나올 리 없습니다. 오로지 똥밖에 없을 겁니다."

잠재의식이 수행하는 중요한 과제 가운데 하나는 바로 우리 자신을 보호하는 것이다. 잠재의식이 일하는 방식은 바이러스를 감지하기 위한 컴퓨터의 스캔 과정과 비슷하다. 컴퓨터는 정보 하나하나가 우리에게 유용한지 아니면 손해를 입힐지 끊임없이 검사한다. 프로그램으로 삭제할 수 없는 바이러

스를 발견하면, 이 바이러스를 특별히 지정한 공간으로 보낸
다. 그러면 바이러스는 컴퓨터 안에 있기는 하지만, 우리를 공
격하지 않기 때문에 손해를 입히지 않는다. 정신분석은 바로
이 바이러스를 자세하게 관찰하려고 불러내는 것이나 마찬가
지다. 어린 시절의 어떤 일을 더 이상 기억하지 않는 데는 분명
이유가 있다. 만일 그렇지 않다면 놀라운 능력이 있는 우리의
잠재의식이 이미 오래전에 어린 시절의 특정 기억을 불러내서
사용했을 것이다.

어쨌든 모든 정신분석은 다음과 같은 동일한 결론을 내
린다. "당신 부모님이 잘못했어요!" 이런 말이 진정 도움이 될
까? 이런 진단을 듣고 부모가 당신의 삶을 망쳤다고 화를 낼
수도 있다. 그런데 정신분석의 논리를 그대로 적용하면, 당
신의 부모 역시 변명거리가 있다. 바로 그들의 부모, 즉 당신
의 조부모가 잘못했다고 말이다. 이런 방식으로 점점 한 세대
씩 올라가다 보면 삶에 대한 책임은 낙원에 살던 최초의 조상
에게까지 거슬러 올라간다. 유감스럽게도 이런 방법은 문제를
해결하는 데 전혀 도움이 되지 않는다.

그렇다고 해서 초기 심리학자들 세대가 이뤄낸 업적을 깎아내리려는 것은 아니다. 지그문트 프로이트는 대략 125년 전에 인간 정신에 관한 이 같은 생각을 고안해내고, 이를 바탕으로 정신분석학의 기초를 닦은 훌륭한 인물이다. 이를 기초로 많은 새로운 사고들이 발전했고 또 시험됐다. 우리가 부모와 어떤 관계이며, 어린 시절에 배웠던 행동 양식이 훗날 성인이 되었을 때 어떤 영향을 주는지 아는 것은 참으로 흥미진진한 과정이다. 그렇지만 125년이나 된 기구와 장치를 사용하는 치과 의사가 당신의 치아를 치료한다면 그 치료가 얼마나 잘될지 생각해보라. 그렇게 낡은 치료 방식을 사용하는 심리치료사들에게 치료받으면 만족할 만한 결과가 나오기 어려운 것은 당연하다.

공포를 강화시키는 그룹치료

나는 기본적으로 그룹치료를 나쁘게 생각하지 않는다. 중독의 경우 그룹치료는 사람들이 중독에서 벗어나 다시는 중독물질에 손을 대지 않도록 하는 데 도움을 준다. 하지만 공포심으로 힘들어하는 환자들을 그룹치료 하는 것은 완전히 잘못된 방법으로, 심지어 위험하기까지 하다. 수백 명에 이르는 내 환자들이 그렇게 말했기 때문만은 아니다. 신경생리학(인체의 신경계에 의해 이루어지는 모든 생리 현상을 연구하는 생리학의 한 분야)적 차원에서 보더라도 그룹치료는 공포심 때문에 힘들어하는 환자들에게 도움이 되는 게 아니라 오히려 더 심각한 손상을 입힌다.

왜 그럴까? 뇌는 우리가 인지하고 생각하는 모든 것을 시냅스 연결 형태로 저장한다. 다른 사람들과 빙 둘러앉아 그들이 얼마나 다양한 원인으로 발생한 두려움과 공포로 힘들어하는지 몇 시간 동안 듣다 보면 어떤 일이 생길까? 당신의 뇌에서는 오로지 하나의 정보가 저장되어 있는 시냅스 다발 수천 개가 활성화된다. 바로 공포심에 관한 정보다. 다른 사람들이 얼마나 오랫동안 공포와 싸워왔으며, 공포가 엄습할 때 이를 극복하기 위해 얼마나 힘들게 노력했는지, 가정 생활은 물론 직장 생활이 얼마나 망가졌는지 계속 듣게 된다. 그룹치료에서 배울 수 있는 게 딱 하나 있다면, 당신 혼자서만 공포로 고생하는 게 아니라는 사실이다. 독일에서만 공포 때문에 힘들어하는 사람이 1200만 명을 넘어선다. 이 가운데 200만 명 이상은 공포를 반복해서 겪고 있다.

인간의 뇌가 어떻게 작동하는지 정확하게 알게 된 지금, 나는 그룹치료가 공포로 고생하는 환자들에게 아무런 의미가 없다고 주장할 수 있다. 두세 명의 사람이 앉아서 다음과 같은 이야기를 주고받는 게 아니다. "이봐요, 용기를 내요! 나는 쉽게 공포를 극복했거든요. 잘못된 신념을 품고 살았다는 것을 깨닫고 나서 이걸 바꾸니까 가능했어요. 지금은 모든 것이 더할 나위 없고 좋아요. 내 인생은 과거 그 어느 때보다 멋져요." 그룹치료에서는 이렇게 말하는 사람을 찾아볼 수 없다. 그룹치료에 참석하는 사람들은 오히려 공포를 어떻게 다뤄야 할지 몰라 절절맨다. 이들은 자신의 공포를 어떻게 하면 극복할 수 있을지 낯선 사람들과 함께 앉아서 계속 이야기할 뿐이다.

만일 나라면, 어떻게 공포를 극복해야 하는지 아는 사람에게 물어볼 것이다. 요리를 못하는 것으로 유명한 지인에게 요리법을 묻지는 않을 것이다. 그보다는 모든 사람이 요리를 잘

한다고 부러워하는 사람에게 요리법을 묻는 게 나을 것이다. 나라면 동그랗게 원을 그리고 앉아서 서로를 미쳐버리게 하는 대신에 자신의 공포를 극복한 사람들과 함께 있을 것이다. 그리고 이런 사람들에게 어떻게 공포를 극복할 수 있었는지 물어볼 것이다.

공포를 미뤄두는 미봉책인 뿐인 전환법

이 방법은 공포와 공황에서 가능한 한 빨리 벗어나려고 할 때 가장 자주 사용되는 방법이다. 바로 주의와 신경을 다른 곳으로 돌리는 전환법이다. 공포로 인해 고통을 겪는 초기에는 이 방법이 상당히 유용하지만, 오랫동안 고통을 겪고 있었다면 이 방법을 적용하기에는 심각한 단점이 있다. 이 방법은 두려움과 공포를 없애주지 않는다. 다만 다음번에 공포가 급습하는 것을 약간 미뤄줄 뿐이다. 어떻게 주의를 다른 곳으로 돌리는지는 상관없다. 특정한 무늬를 뚫어지게 응시하거나, 나뭇가지에 달려 있는 나뭇잎을 바라보거나, 숫자나 거리 이름을 나열하거나, 친구랑 전화하는 것도 괜찮은 방법이다.

그러나 이런 행동을 중단하자마자 공포는 곧바로 들이닥친다. 이 방법을 사용하는 것은 부메랑을 던지는 것과 비슷하다. 부메랑을 던지면 잠시 후에 저절로 돌아와서는 조심하지 않으면 머리를 맞기도 한다. 당신은 아주 오래전부터 두려움이 엄습하면 주의를 다른 곳으로 돌리는 방법을 써왔을 수도 있다. 하지만 여전히 두려움이 사라지지 않았을 것이다. 이 말은 당신이 부메랑을 50번이나 던졌는데 50번이나 돌아와서 머리를 때렸다는 의미로도 해석할 수 있다. 머리에 생긴 혹은 바로 주의를 다른 곳으로 돌리는 전환법을 사용한 결과라고 할 수 있다. 이런 결과에 만족할 사람은 없을 것이다. 이런 경우를, 그러니까 점점 더 커지는 혹을 일컬어 "공포에 대한 공포Phobophobie"라고 부른다. 공포의 진정한 원인을 알아내려고 애쓰는 대신에 자꾸 주의를 다른 곳으로 돌리는 행동만 한다면 두려움만 커질 뿐이다.

이쯤 되었으면 당신은 공황을 불러일으키는 방법을 알게 되었을 것이다. '바라건대 지금 공포가 엄습하지 않았으면 좋겠어'라고 생각하는 것만으로도 공황은 반드시 일어난다. 공포

를 무서워하는 공포야말로 공황을 불러일으키는 가장 큰 원인
이다. 주의를 전환시키는 방법은 잠시 문제를 미뤄둘 뿐이다.
결코 해결책이 아니다.

두려움을 불러일으키는 생각을 벗어던지지 못하고 의식
적으로 붙잡고 있으면 어떻게 될까? 당신이 꼭 붙들고 있는 감
정이 아직은 당신을 덮치지 않았을지도 모른다. 그렇다면 이
런 나쁜 생각들, 감정들과 내면에서 떠올리는 장면들을 의식
적으로 바꿀 수 있는 가능성이 아직 남아 있다고 봐도 된다.

이런 말을 들어본 적이 있을 것이다. "두려움을 받아들여
야 합니다." 공포로 인해 고통받는 많은 환자들은 물론 많은
치료사가 이런 말을 한다. 그러나 유감스럽게도 수십 년 동안
이 말은 잘못 해석됐다. 두려움을 받아들인다는 것은 희생자
의 태도를 취하고 모든 것을 그냥 내버려두라는 뜻이 결코 아
니다. 오히려 정반대다. 두려움과 공포를 불러일으키는 원인
과 관련된 장치(메커니즘)를 적극적으로 바꿔야 한다는 뜻이다.
무엇보다 공황이란 정신이 우리를 사랑하는 나머지 일으키는
반응이라는 사실을 이해하는 게 중요하다. 그러므로 이런 말

에서 출발하자. "좋아. 내 삶에서 뭔가를 바꾸라는 거지. 이해했어. 그래야 나의 잠재의식이 경고 신호를 보내지 않을 테니까." 공포를 받아들인다는 것은 좋은 충고를 받아들이고 필요한 변화를 시작한다는 의미다.

삶의 변화와 패턴 차단으로 공포에서 벗어나라

공포로 인해 힘들 때 변화할 수 있는 가능성에는 2가지 영역이 있다. 이들 두 영역은 서로를 보완해준다. 영역 1은 삶의 변화다. 인간관계든, 직장이든, 사회 환경이든 소비 활동이든 상관없다. 당신이 필요한 변화를 시도하면, 잠재의식은 공포와 두려움이 당신의 정신을 흔들어놓지 않도록 힘쓴다. 변화할 용기를 가지려면, 10개의 문장을 머릿속에서 긍정적으로 활성화시켜야 한다. 이에 관해서는 곧 설명하겠다.

영역 2는 공포를 직접 다룬다. 당신이 공포 때문에 오랫동안 고생할수록 뇌에선 공포를 감지하고 이로 인한 신체 반응을 일으키는 시스템이 더 강력하게 자동화된다. 쉽게 말해, 특정한 상황에 처하면 공포로 반응하게끔 조건화된다. 이런 특정한 상황이 어떤 위험도 초래하지 않는다는 사실을 이미 잘 알고 있더라도 말이다. 공포는 연쇄 반응을 일으키는 도미노와 같다. 쌓아둔 도미노 패를 살짝 건드리면, 패들이 차례차례 쓰러진다. 그러나 중간에 패를 하나 집어내 연결을 끊어버리면 패가 넘어지는 과정은 끝난다. 이처럼 패를 하나 제거하는 행동을 심리학에서는 '패턴 차단' 또는 '방해'라고 한다.

　패턴을 차단하려면, 우선 어떤 것을 패턴으로 인식해야 한다. 공포가 덮칠 때마다 주의를 다른 곳에 돌린다면, 어떻게 자신에게 공포심을 불러일으키는 패턴을 알아낼 수 있겠는가? 공포를 불러일으키는 생각, 내면에서 그려낸 모습이나 상상들, 신체 반응을 자세하게 관찰하면 패턴을 인식할 수 있다. 그리고 공포가 쉽게 일어나는 자리를 발견할 수 있다.

　나는 오랫동안 환자들을 치료하면서 10가지 이상의 패턴을 확인했다. 다행스럽게도 공포를 유발하는 패턴들은 각기 차단할 수 있는 수단이 있다. 시각적으로 예민한 사람은 눈앞에서 빠르게 장면들이 지나갈 때 공포심을 느낀다. 가령 넘어진다거나 도망칠 수 없는 상황에 붙잡혀 있는 자신의 모습을 보는 것이다. 그런가 하면 자동차를 몰다가 사고를 내거나 비행기 안에서 기절하는 모습이 보이기도 한다. 이렇듯 내면에서 그려내는 장면으로 인해 생기는 모든 공포는 공통된 패턴이 있다. 바로 이런 장면이 점점 더 빨라지는 것이다. 이런 점이 시각적으로 일어나는 공포의 약점이다. 범죄 영화를 보면, 살인자가 칼을 들고 덤불에 숨어 있다가 희생자가 나타나면 갑자기 뛰쳐나오는 장면을 흔히 볼 수 있다. 이런 상황에서 놀라 정신을 잃지 않을 사람이 어디 있겠는가? 살인자가 매우 빠른 속도로 뛰어나와야만 이런 상황이 가능하다. 만일 이런 장면이 아주 느린 속도로 진행된다면, 영화관에서 관람하던 관객들은 아무도 놀라지 않을 것이다. 영화는 점점 재미없어지고 영화가 시작된 지 5분 만에 관객들이 다들 나가버릴 수도 있다. 장면들을 통해 일어나는 공포는 그야말로 치명적인 약점이 있는데, 바로 이런 장면들이 빨리 바뀌어야만 한다는 것이다! 그런데 이런 사실을 알았다고 해도 도대체 공포를 빨리 멈추게 할 수 있는 치료법은 뭐란 말인가? 이에 대한 답은 5장에서 제시할 것이다. 이 장에서는 탁월한 패턴 차단법을 알아보자. 많은 사람은 이 같은 방법으로 공포를 극복하는 데 성공했다.

여기서 잊어서 안 되는 것이 있다. '공포와 공포로 인해 일어나는 신체 증상은 정신이 우리에게 보내는 경고 신호'라는 사실이다. 그것도 삶에서 시급하게 어떤 것을 바꿔야 한다는 경고 신호다. 정신이 왜 경고 신호를 보내는지 살펴보지 않고 온갖 새로운 기술을 동원해 공포나 두려움과 이와 연관되어 있는 공황을 차단한다면 이는 큰 실수를 저지르는 것이다. 집에 불이 났는데 삐삐 울리는 화재경보기만 끄고 정작 불은 안 끄는 것과 비슷한 행동이다. 심인성 질환의 경우, 불을 끈다는 것은 뇌의 뉴런을 새롭게 연결하고 이를 통해 공포라는 정보를 저장하고 있는 뉴런들로 이루어진 길을 차단하는 것이라고 할 수 있다. 당신이 특정한 생각을 가지고 이 같은 길을 직접 구축했기 때문에 공포를 멈추는 기술을 적용하는 것 외에도 보다 더 나은 길을 만들려고 하는 계획도 필요하다. 이제 이 계획에 대해 얘기해보자.

10개의 문장으로 당신의 뇌를 프로그래밍하라

공포와 공황을 영원히 쫓아버릴 수 있는 가장 빠른 방법은 이중 전략이다. 한편으로 적절하게 패턴을 차단해서 공포를 멈추게 하고, 다른 한편으로 뉴런을 새로이 연결하는 것이다. 공포가 자라날 수 있는 온상을 제거함으로써 공포가 다시금 생겨날 가능성 자체를 차단한다. 이때 가장 빨리 성공할 수 있는 방법은 정신을 특별히 훈련하는 것이다. 이는 총 10개의 문장으로 이루어져 있다. 이 방법은 아주 간단한 질문을 기초로 한다. "당신의 삶이 멋지다면 어떤 모습일까요?" 환자들에게 이런 질문을 하면, 흔히 이런 대답을 듣는다. "공포 없는 삶이지요!" 그런데 많은 사람이 이런 질문에 바로 답을 하지 못한다. 그러나 살면서 더 이상 하고 싶지 않은 게 무엇이냐고 물으면, 막힘없이 이야기한다.

여러분도 자신에게 이런 질문을 던져보라. 당장 3분 정도 시간을 내서 당신의 삶에서 마음에 들지 않는 모든 것을 나열해보라. 이어서 3분 동안 당신의 삶이 멋지다고 느끼면 무엇 때문에 그렇게 생각하는지 써보라. 이때 중요한 것은 오로지 '낙관적인 말'을 사용하는 것이다. 당신이 기꺼이 포기하고 싶은 것은 앞서 3분 동안 모두 기록했다. 내 환자들의 경우, 첫 번째 과제가 쉽다고 말한 사람들은 대부분 두 번째 과제를 주자 눈에 띌 정도로 기록하는 내용이 적었다. 이는 공포로 힘들어하는 환자들의 뇌가 긍정적인 방향보다 부정적인 방향으로 더 많이 연결되어 있다는 증거라고 볼 수 있다. 하지만 살아가면서 매사 부정적으로 생각했던 사람이라 해도 걱정할 필요는 없다. 뇌 연구 덕분에 우리의 뇌는 과거에 그럴 것이라고 믿었던 것보다 훨씬 빨리 프로그램을 바꿀 수 있게 되었다. 바로 10개의 문장으로 된 이 기술을 매일 20분 정도 3주 동안 연습하면 오늘보다 기분이 나아질 것이다. 그러다 보면 머지않아 공포를 완전히 극복할 수 있을 것이다.

이미 언급했듯, 10개의 문장은 단순한 질문으로 구성되어 있다. "당신의 삶이 멋지다면 어떤 모습인가요?" 이 질문에 10개의 문장으로 대답하되, 완벽한 삶이라고 생각하는 바를 종이에 적도록 한다. 대답을 기록하기 전에, 5가지 규칙을 알아둘 필요가 있다. 이런 질문과 대답에서 중요한 것은 단순히 긍정적인 사고가 아니다. 우리는 뇌의 프로그램을 완전히 바꾸고 싶어 하는데, 이렇게 하려면 뇌가 어떤 규칙과 법칙에 의해서 작동하는지 알아야 한다.

생각은 청각적인 과정이다. 당신이 어떤 생각을 하면 당신의 목소리가 머릿속에서 그것을 말하는 것처럼 들린다. 지금까지 이런 사실을 모르고 있었다면, 지금 당장 실험해보라. 다음에 나오는 문장을 연이어 다섯 번 생각하라. "다시 건강해질 것이라고 기대하면 벌써부터 너무 기쁘다!"

알아차렸는가? 당신의 목소리가 머릿속에서 울리는 것을 들었을 뿐 아니라, 당신의 에너지도 약간 상승했을 것이다. 우리가 머릿속에서 이야기하는 것은 감각에 즉각 영향을 준다. 우리가 사용하는 언어는, 그것을 말로 표현하든 생각만 하든, 컴퓨터 운영 체계와 비슷한 기능을 한다. 바로 언어를 기초로 해서 우리는 모든 것을 구축한다. 사실 단어 하나하나는 우리가 상상하는 그 이상의 역할을 한다. 바로 이런 이유로 이 책에서 소개하는 방법들이 엄청난 효과를 발휘하는 것이다.

이제부터 생각의 언어를 어떻게 이용할 수 있는지에 관해

5가지 규칙을 설명하겠다. 이런 규칙들을 자유자재로 이용할 수 있게 되면 삶이 긍정적인 방향으로 전환될 것이다. 공포로 힘들어하는 환자들을 돕고 있는 수많은 심리치료사들이 믿지 못할 정도로 말이다.

규칙 1: 부정어 없이 10개의 문장을 만들어라

부정어가 없다는 말은, 문장에 그 어떤 부정적인 표현도 없다는 의미다. 예를 들어, '두려움과 걱정 없이' 같은 표현이 있다. 이 역시 부정적 표현이다. 왜 이런 부정어를 사용해서는 안 되는 걸까? 잠시 간단한 테스트를 한번 해보자.

어떤 경우에도 자전거를 타고 있는 곰을 생각해서는 안 됩니다. 이 녀석은 선글라스도 쓰지 않았고 노란색 배낭도 매지 않았습니다.

머릿속에서 곰을 상상하는데 성공했는가? 물론 상상을 못 했을 것이다. 우리의 뇌는 '생각해서는 안 된다'를 생각할 수 없다. 생각해서는 안 되는 것에 대한 정보를 이해하고 작업하려면, 우선 그것이 무엇인지 상상하고 특별한 방식으로 뇌를 연결해야만 한다. 당신이 "나는 더 이상 공포와 두려움을 느끼고 싶지 않아"라고 말하더라도 당신의 뇌는 공포와 두려움을 느끼는 편이 오히려 수월하다. 왜냐하면 '공포'와 '두려움'이라는 정보가 부정어보다 당신의 머릿속에서 더 강력하게 연결되어 있기 때문이다.

계속해서 간단한 테스트를 해보자. 나는 독자들이 맹목적으로 내가 말하는 모든 것을 믿기를 원하지 않는다. 이 책을 비판적으로 읽고 내가 말하는 것이 맞는지 점검해보기 바란다. 여러분 중에는 오랫동안 전문가들을 믿고 이들이 시키는 대로 따랐지만, 아무런 긍정적인 결과를 얻지 못한 경우도 분명히 있을 것이다. 나는 자신의 삶에 대한 책임을 스스로 질 수 있는 용기를 주고 싶다.

두려움과 공포를 느끼는 당신만의 메커니즘이 무엇인지 알고 나면 자신을 보다 잘 파악하게 된다. 이를 통해 자신의 언어로 매일 프로그램을 만드는 감각을 점점 터득할 수 있다. 스스로 만든 프로그램은 삶의 모든 영역을 예외 없이 조종한다. 이 책에서 소개하는 기술들은 공포를 벗어던지게 해줄 뿐만 아니라, 살아가면서 실패보다 성공을 더 많이 경험하게 해줄 것이다.

규칙 2: 긍정적으로만 기록하라

규칙 1을 지키다 보면 규칙 2는 자동적으로 하게 된다. "나는 두려움에 떨고 싶지 않아"라고 말하지 말고 "나는 용기 있고 자의식 있는 사람이 되고 싶어"라고 표현하라. 첫 번째 문장을 말할 때 뇌는 두려움을 느끼는 상황을 어쩔 수 없이 떠올리게 되지만, 두 번째 문장처럼 말하면 용기를 내고 자의식을 가졌던 상황을 찾아낼 것이다.

직접적이지는 않지만 그래도 '걱정 없는'이나 '부채 없는'처럼 부정적인 의미가 들어 있는 표현은 사용하지 않는 게 좋다. 이런 표현에는 부정적인 단어인 '걱정'과 '부채'가 담겨 있기도 하지만, 무엇이 '없는'이라는 표현은 부정의 뜻을 가진 'no'나 'without'과 동일한 의미를 갖고 있기 때문이다. '걱정 없는'이라는 표현은 대신 이렇게 써라. "나는 지금 이곳에 온전히 존재하며 매 순간 즐기고 있다." '부채 없는'은 이렇게 바꿔 쓰면 된다. "나는 항상 내가 필요로 하는 것을 구입할 수 있을 정도로 충분한 돈이 있다."

그런데 이런 생각이 들 수도 있다. "생각의 형식을 바꾼다고 해서 어떻게 갑자기 더 많은 돈이 생길 수 있겠어?" 사실 이런 질문을 자주 받는데, 간단하게 대답해보겠다. 당신의 생각이 달라지면 뇌의 다른 능력이 활성화된다. 지금까지 당신은 자신이 가지고 있는 에너지와 시간을 대부분 삶은 왜 이토록 힘든지 생각하느라 소비했을 것이다. 그런데 에너지와 시간을 쓰는 대신 매일 다른 곳에 투입한다면, 그러니까 좀 더 수월하게 사는 방법을 찾는 데 투자한다면 금세 다른 결과가 나올 것이다.

사이비 종교 추종자들이나 할 법한 말로 들리나? 이에 대해 과학적으로 설명해보겠다. 잠재의식은 1초당 8만 개가 넘는 정보를 처리한다. 매일 아침 행진하라는 당신의 명령을 기다리고 있는 조력자가 8만 명이 있다는 의미다. 당신이 조력자들에게 성공을 거두고 용기 있으며 자의식 강한 삶을 영위하는 데 방해가 되는 모든 것을 추적해보라고 매일 아침 명령을 내린다면, 8만 명의 잠재의식 조력자들은 그것이 정확하게 무엇인지 알아내 보고할 것이다. 반대로, 뇌가 당신의 삶을 보다 더 아름답고 쾌적하게 만들 수 있는 가능성을 1초마다 8만 번씩 찾아본다면 삶이 어떤 모습으로 변할지 생각해보라.

규칙 3: 10개의 문장을 현재형으로 기록하라

최근의 뇌 연구 덕분에 우리가 뭔가 실제로 경험하면 뇌가 매우 많은 시냅스를 만들어낸다는 사실을 알게 되었다. 이보다 더 흥미진진한 사실은, 우리가 뭔가를 매우 생생하게 상상해도 그렇게 많은 뉴런 연결이 생겨난다는 것이다. 쉽게 말해, 우리가 원하는 바를 이미 이뤄낸 것처럼 생각하기만 해도 실제로 목표를 달성할 기회가 더 많아진다. 많은 스포츠 스타가 몇 년 전부터 이런 방법을 써서 성과를 봤다. 이는 심리훈련의 본질적인 측면이기도 하다.

예를 들어, 피겨 스케이팅 선수가 복잡한 역할을 새로 맡았다면, 트레이너는 이 인물을 처음부터 어떻게 연기해야 할지 계속 상상해보라고 요구할 것이다. 트레이너는 한번은 처음부터 끝까지 연기했을 때 이 인물이 어떤 모습일지에 중점을 둘 것이고, 다음번에는 신체의 느낌에 주의를 기울일 것이다. 피겨 스케이팅 선수가 그 역할을 완벽하게 해내는 순간, 각각의 근육은 어떤 느낌일까? 이때 선수가 원하는 상황이 이미 현실이 된 것처럼 생각하는 것이 매우 중요하다. 연구 결과에 따르면, 부수적인 심리훈련을 더해 훈련하면 오로지 육체적으로 반복해서 훈련하는 것보다 크게는 40퍼센트 빨리 성공할 수 있다. 이미 스포츠 분야에서 탁월한 효과를 증명해낸 이 방법을 두려움과 공포로 고통받는 삶을 개선하는 전략으로 사용해보는 것은 어떨까?

10개의 문장을 현재형으로 서술해보자. 당신의 목표가 몇 년 뒤에 달성될 것 같더라도 그렇게 해보자. 우리의 뇌를 다른 길로 인도하기 위해 10개의 문장을 신체적 혹은 정신적인 안락함에만 집중해서 서술할 필요는 없다. 일상적인 바람이나 목표도 가능하다. "나는 인도에 있는 말레디벤 섬에서 꿈 같은 휴가를 즐긴다." "나는 너무나 멋진 배우자와 살고 있어." 이루고 싶은 행복하고 멋진 삶을 문장으로 나타내라.

규칙 4: 10개의 문장을 매우 구체적으로 서술하라

완벽한 삶이 어떤 모습일지 구체적으로 서술할수록 당신의 뇌는 필요한 뉴런 도로를 더 빨리 구축해낸다. "나는 잘 지낸다" 또는 "나는 행복해"처럼 추상적인 문장으로 서술하면, 뇌에서는 신속하게 뉴런을 연결할 가능성이 적다.

구체적인 문장이 어떤 것인지 몇 가지 예를 들어보자.

- 나는 충분히 휴식을 취해서 아침이면 좋은 기분으로 일어난다.
- 새로 들어간 직장에서 고객과 성공적으로 면담을 끝낸다.
- 나는 매일 기분 좋게 해주는 멋진 자동차를 몰고 다닌다.
- 나는 친구들을 위해 요리를 함으로써 내 역할을 즐긴다.
- 나는 자의식을 가지고 좋은 옷을 입고서 거리를 걷는다.
- 매주 두 번은 내가 좋아하는 운동을 한다.

• 나는 사람들과 어울리는 것을 정말 좋아한다.

규칙 5: 10개의 문장을 '스스로 달성할 수 있도록' 신경 써라

이 말은 문장들이 현실적인 목표를 가져야 한다는 뜻이 아니다. 오히려 정반대다. 목표를 높게 정할수록 보다 빨리 성공을 거둘 수 있다. 언뜻 들으면 매우 모순적인 것 같지만, 신경학 이론으로 잘 설명할 수 있으니 잠시만 기다려주기 바란다.

스스로 달성할 수 있다는 말은, 당신의 목표를 이루는 데 다른 사람에게 의존해서는 안 된다는 뜻이다. 사장도, 배우자도, 가족이나 국가도 당신의 삶에 책임을 지지 않는다. 오로지 당신 자신이 매일 무엇을 할 것인지 하지 말 것인지 일일이 결정해야 한다.

내 치료실을 찾아온 사람들은 첫 대면에서 자신이 일하는 곳이 얼마나 끔찍한지, 사장이 얼마나 매정한 사람인지 불평했다. 그러면 나는 그들에게 도대체 누가 몇 년 전부터 매정한 사장을 위해서 일하라고 결정했으며, 더 좋은 회사를 알아보지 않기로 결정했는지 물었다. 그러면 다들 아주 작은 목소리로 이렇게 답했다. "나인가요?" 3장에서 언급한 도리스의 이야기를 기억하고 있는지 모르겠다. 그녀는 수년 동안 자기 자신에게 지금보다 더 나은 회사는 없을 것이라고 얘기했다. 스스로 만든 이 프로그램을 자주 반복할수록, 그녀의 상황은 더욱 힘들어졌다. 그러나 그 같은 내면의 소리를 다른 방향으로 돌리자마자, 거의 2주 만에 정말 좋은 직장을 구할 수 있었다.

이런 구체적인 예를 염두에 두고 규칙 5를 보다 자세히 살펴보자. 몇 년 동안 냉정하고 매정한 사장 때문에 직장 생활이 너무 힘들었던 당신이 이런 문장을 썼다고 가정해보자. "나는 지금 다니는 직장에 아주 만족한다." 이 문장은 낙관적인 긍정을 잘못 이해한 전형적인 본보기로, 결코 이뤄질 수 없는 문장이다. 이 문장은 스스로 달성할 수 있는 조건을 절대로 충족시키지 못한다. 당신이 편안하게 잘 지내기 위해서는 기본적으로 타인이 변해야 하기 때문이다. 쉽게 말해, 당신의 행복은 사장의 태도에 달려 있는데, 그의 태도가 변할 가능성은 극히 희박하다. 사장은 자신의 이익을 추구할 뿐, 당신이 어떻게 느끼는지에 조금도 관심이 없다. 가능한 한 적은 월급을 주고 최대한 일을 많이 시키는 것만이 중요할 수도 있다. 이런 방식으로 생각하면 누군가에게 종속되어 있고 도움을 청할 길이 없다는 부정적인 느낌이 생겨날 수밖에 없다.

스스로 달성할 수 있는 상태란 이렇다. "나는 나와 내 능력을 인정해주고 그에 알맞은 연봉을 주는 좋은 직장에 다닌다." 당신의 능력이 어떤 것이며, 그 능력을 활짝 꽃피울 수 있는 직업이 어떤 것인지 적극 고민해야 할 사람은 바로 당신이다. 이런 점을 깨닫고 나면 8만 명 이상 되는 당신의 조력자들이 작업을 시작할 수 있다. 뇌는 의미심장한 과제를 갖게 되고, 그리하여 잠재의식은 완벽한 직장을 발견하기 위해 그 어떤 가능성도 놓치지 않는 것에 초점을 맞춘다.

공포로 고통받는 환자들은 대부분 자신이 원하지 않는 것을 정확하게 알고 있다. 비판만 하는 사장, 지나치게 적은 월급을 주는 직장, 지루하고 만족을 주지 못하는 일 등. 하지만 이런 방식으로 생각하는 사람들은 잠재의식에 원하지 않는 사항의 목록을 탐색하라는 과제를 줄 뿐이다. 원치 않는 것만 정확하게 아는 사람들은 자신이 다니고 있는 직장보다 더 나은 직장을 찾기 힘들다. 사람들 사이의 관계에서도 이런 법칙은 똑같이 적용된다. 잠재의식에게 당신이 더 이상 원치 않는 성격을 가진 사람들에 관해 말하면, 오히려 부정적인 성격을 가진 사람을 더 많이 만나게 된다.

5개의 채널로 이루어진 정신 건강을 위한 터보 장치

10개의 문장을 완성한 뒤에는 가능한 한 빨리 뇌를 새롭게 연결하는 게 중요하다. 이때 뇌 연구 결과 알아낸 간단한 속임수를 동원하면 이 작업을 효과적으로 해낼 수 있다. 나는 이것을 정신 건강을 위한 터보 장치라고 부른다. 매일 20분 동안 10개의 문장을 생각하는데, 5가지 감각을 번갈아 가면서 집중한다.

당신은 연달아 보고, 듣고, 느끼고, 냄새 맡고, 맛을 보는데 가능하면 이를 서로 분리해서 해야 한다. 이런 방식으로 생각하기 위해선 연습이 필요하다. 내 환자들의 경우, 대부분 1주일도 채 안되어 심리훈련을 완벽하게 익혔다. 그 과정이 어떻게 진행되는지 구체적인 예를 들어 설명하겠다. 가령 다음과 같은 문장이 있다고 치자.

> 나는 행복한 관계를 맺고 있으며, 사랑스럽고 존중
> 할 만한 배우자와 함께 살아가고 있다는 사실이 정말 기
> 쁘다.

만일 당신이 현재 함께 살고 있는 배우자에게 이런 표현을 쓰고 싶지 않다면, 상상 속에서 한 사람을 찾아 연습하면 된다. 구체적인 사람을 생각하다 보면, 규칙 5의 경우처럼 혼자의 힘으로 구축할 수 있는 관계가 아닐 수도 있다. 여기에서 중요한 것은 완벽한 파트너가 보여주는 인간적인 면이지 구체적인 사람이 아니다.

당신이 완벽한 관계라고 생각하는 구체적인 상황을 떠올리면 더욱 쉽게 진행할 수 있다. 예를 들어 아름다운 일요일에 아침을 함께 먹기, 숲을 산책하기, 사랑을 나누는 낭만적인 밤 혹은 극장에 갔다가 좋아하는 레스토랑에 들르기 등 무엇이든 괜찮다. 당신은 1주일 내내 행복한 관계에 어울린다고 생각하

는 새로운 상황들을 계속 선택할 수 있다. 단, 이때 주의할 점은 새로운 상황을 긍정적인 표현으로 작성해야 한다는 것이다. 가령 고함을 지르지 않고 이성적으로 싸우는 것도 당신에게는 좋은 관계일 수 있다. 하지만 '싸움'이라는 낱말 자체가 이미 부정적인 이미지를 담고 있으므로 쓰지 않는 게 좋다. 다툼으로 흘려버리기에는 행복함을 누릴 시간도 부족하다.

함께 극장에 간 경우를 예로 들어서 5가지 감각 채널을 어떻게 적절하게 분리할 수 있는지 설명하겠다. 그전에 알아두어야 할 중요한 게 있다. 여러분 가운데 지금 이렇게 생각하는 사람도 있을 것이다. "나는 공포로 힘들어하면서부터 꽤 오랫동안 극장에 갈 수 없었어." 이런 경우, 극장에 가면 공포에 짓눌려버릴 거라고 당신의 뇌가 미리 계획을 짜두었기 때문에 그런 생각을 하게 되었다는 점을 알아야 한다. 당신의 뇌는 관객들로 가득 차 있는 극장 안에서 두려움에 사로잡혀 쉽사리 자리를 떠날 수 없는 장면들을 제공한다. 혹은 극장 밖으로 나가기 위해 비좁은 의자들을 뚫고 지나갈 때, 사람들이 당신을 비난하는 장면들을 제공한다. 어쩌면 화난 관객들이 투덜대는 소리가 들릴지도 모른다. 긍정적인 생각을 제공하는 것보다 부정적인 장면과 소리를 제공하는 것이 1000배는 더 수월하다.

이제 이런 일이 일어나지 않도록 연습하자. 두려움에 떨면서 억지로 극장에 가는 연습을 하기 전에, 우선 뇌가 완전히 자동적으로 부정적인 생각을 하는 게 아니라 긍정적인 생각을 할 수 있는 환경을 만들어놓는다. 이런 연습을 몇 주 동안 꾸준히 하면 지금은 불가능하다고 생각했던 많은 일을 가벼운 마음으로 실행할 수 있다. 당신이 쉽게 성공할 수 없을 거라고 생각했더라도, 이 역시 나쁘지 않다. 다음에 소개하는 연습을 지속적으로 하면 점점 성공을 경험할 수 있을 테니까 말이다.

아주 조용한 장소를 찾아서 편안한 자세를 취하고 5가지 감각을 연이어 연습한다. 이 연습은 글로 쓰는 게 아니다. 오로지 머릿속으로 하면 된다! 종이에는 당신의 삶이 멋지다는 생각이 들 때 어떤 모습인지에 대해 나열해둔 10개의 문장이 적혀 있다.

자, 이제 머릿속으로 사랑하는 사람과 함께 극장에 갔다고 상상하고, 시각적인 채널에 집중해보자. 너무 서두를 필요는 없다. 이 연습을 할 때 중요한 것은 빨리 하는 게 아니라 깊이 몰입하는 것이다. 당신 주변에서 완벽한 사람을 찾을 수 없다면, 완벽한 사람이라면 어떤 성격을 가져야 할지 상상하고, 상상 속의 사람을 대상으로 사랑에 빠지면 된다. 사랑하는 사람과 극장에 갔을 때 일어날 수 있는 모든 아름다운 장면을 시각적으로 살펴본 다음에, 다른 채널로 옮겨간다. 이제 청각적인 채널을 통해 사랑하는 사람과 극장에 갔는데 이 아름다운 순간에 무슨 소리를 들을 수 있는지에 집중한다. 이어서 촉각으로 상상하고, 후각, 마지막으로 맛보는 감각인 미각으로 연습한다.

후각과 미각은 아주 오래된 감각 채널이어서 뇌의 프로그램을 새로 짜는데 특별히 많은 에너지가 소모되므로 너무 빨리 포기하면 안 된다. 우리가 느끼는 두려움의 98퍼센트 정도가 앞에 열거한 3가지 감각으로 인해 만들어지는 까닭에 후각과 미각은 오래전부터 공포를 불러일으키는 구조에서 간과되고 있었다. 뇌를 긍정적으로 프로그래밍할 때 후각과 미각이 매우 효과적인 수단으로 작용할 수 있음을 기억하라.

시각·청각·촉각·후각·미각,
5가지 감각을 동원한 연습

어떻게 머릿속으로 연습할지 구체적인 예를 들어보겠다. 세부적인 사항은 각자의 선호도에 따르면 된다. 콜라를 좋아하지 않는다면, 콜라 대신에 극장에서 마시고 싶은 음료를 선택하면 된다. 반드시 물이어야 할 필요는 없다. 맥주, 샴페인, 또는 커피도 괜찮다. 우리는 다만 심리훈련을 통해 삶이 그야말로 멋지게 보이려면 어떤 모습일지 계획하고 이런 행동들을 연결하려고 할 뿐이다. 공포로 인해 발생하는 반응은 당신이 이미 완벽하게 통제하고 있다고 가정한다. 이와 관련, 우리가 할 일은 없다. 커피를 마시고 싶은데 공포심 때문에 커피를 마시지 않고 있었다면, 지금이야말로 머릿속으로 다시 커피를 마실 수 있는 완벽한 순간이다.

시각: 나는 극장 안을 본다. 광고가 나오는 커다란 화면을 보고, 음료수와 팝콘을 먹는 사람들을 본다. 내가 들고 있는 팝콘과 시원한 콜라를 본다. 남편(혹은 아내)이 영화가 어떨 것인지 흥미진진하게 기대하는 모습을 본다. 그의 손이 부드럽게 내 손을 어루만지는 모습을 본다. 그의 아름다운 미소를 본다. 영화가 시작하는 순간을 본다. 내가 정말 좋아하는 배우를 본다.

청각: 나는 영화에서 배우들이 나누는 대화를 듣는다. 음악과 사람들의 웃음소리를 듣는다. 팝콘 봉지가 바스락거리는 소리를 듣는다. 움직일 때마다 의자에서 나는 나지막한 소리를 듣는다. 영화를 함께 보러 온 남편(혹은 아내)이 영화를 보며 나에게 농담을 속삭이는 소리를 듣는다. 내가 마침내 이토록 멋진 사람과 함께 극장에 오게 되어서 얼마나 행복한지 얘기해주는 내면의 목소리를 듣는다. 내가 팝콘을 씹어 먹는 소리를 듣는다.

촉각: 나는 편안한 의자를 느낀다. 극장 안의 쾌적한 온기를 느낀다. 남편(혹은 아내)의 부드러운 손길을 느낀다. 콜라 캔이 내 손에 닿을 때의 시원한 감각을 느낀다. 팝콘이 입에 들어갔을 때의 바삭함을 느낀다. 영화가 시작할 때의 긴장감을 느낀다. 내가 하고 싶은 모든 것을 할 수 있게 되었다는 좋은 기분을 느낀다. 마실 때마다 놀라울 정도로 신선함을 선사하는 차가운 음료수를 느낀다.

후각: 나는 극장 안의 냄새를 맡는다. 남편(혹은 아내)의 향수 냄새를 맡는다. 고소한 팝콘 냄새를 맡는다. 내가 들고 있는 콜라 냄새를 맡는다.

미각: 나는 팝콘을 맛본다. 콜라를 맛본다. 남편(혹은 아내)의 부드러운 키스를 맛본다.

어쩌면 당신은 위에 열거한 5가지 감각에 대한 내용을 읽고 이렇게 다르게 생각하면 얼마나 많은 에너지가 샘솟는지 알아차렸을지도 모른다. 해당 상황에 대해 보다 상세하게 연습할수록 보다 쉽고 빨리 행복한 삶을 살 수 있는 기회가 온다. 이런 연습은 정상적인 사고 형식보다 대략 1만 배 이상 빠른 속도로 시냅스를 연결한다. '나는 사랑하는 사람과 극장에서 멋진 저녁을 보낸다'라는 문장이 머릿속에서 한 줌의 시냅스를 만들어내는 동안에 우리의 머리는 5가지 감각을 번갈아가면서 활성화시킨다. 하나의 감각에서 다른 감각으로 바꿀 때면, 이 두 영역은 서로 정보를 교환한다. 이전에 보기만 했던 것을 이제는 듣고, 느끼고, 맛을 보거나 냄새를 맡아야 하는 까닭이다. 이 과정에서 뉴런들은 다시금 공동으로 활성화될 수밖에 없고, 그 결과 시냅스를 통해 서로 연결될 수밖에 없다.

만일 당신이 시각과 관련해서는 20가지 사항, 청각과 촉각과 관련해서는 각각 20가지 사항, 그다음에 후각과 관련해서는 10가지 사항, 미각과 관련해서는 5가지 사항을 찾아냈다고 치자. 그러면 당신의 뇌는 그사이 '$20 \times 20 \times 20 \times 10 \times 5$'가지의 시냅스 연결을 구축하게 된다. 한번 계산해보라. 이 연습을 성실하게 하면 20분 동안 당신의 머릿속에는 많게는 40만 개

의 시냅스가 생성된다. 이 시냅스들은 오로지 하나의 정보만
을 위한 것이다. 바로 극장에서 나와 진짜 잘 어울리는 사람과
엄청 재미있게 영화를 본다는 내용이다.

첫 성공을 거둔 뒤 보다 빨리 진행하는 법

5가지 감각을 차례로 사용하는 10개의 문장 방법은 대체
적으로 성과가 빨리 나타나는 편이다. 내 환자 10명 중 9명이
1주일 안에 공포가 엄습하는 주기와 강도가 대략 60~70퍼센
트 감소했다고 말했다. 이런 훈련은 잠자기 전에 실행할 때 효
과가 더 좋았다. 그 이유는 과학적으로 충분히 설명할 수 있다.

우리는 잠을 자는 동안 여러 가지 수면 단계를 거친다. 매
일 밤 우리는 4~6번에 걸쳐서 깊은 수면과 렘REM수면(꿈을 꾸
는 단계)을 왕래한다. 뇌는 렘 단계에서 낮에 체험했던 것을 되
새긴다. 잠자기 바로 전에 생각하고 저장해두었던 것은 렘 단
계에서 뇌가 즐겨 다루는 정보다. 저녁에 의식적으로 생각했던
40만 개의 긍정적인 뉴런 연결들은 렘 단계에서 자극을 받으
면 많게는 120만 개의 시냅스 연결로 이어진다.

이렇게 뇌가 신속하게 변하면 당연히 그에 따른 결과가 나타난다. 내 환자 10명 가운데 8명은 사흘째 밤부터 꿈을 꾸는 방식이 아주 많이 변했다고 말했다. 10명 가운데 2명은 며칠 동안 머리에 약간의 압박감을 느꼈지만 특별한 문제가 없었고, 압박감 또한 곧 사라졌다. 특히 예민한 사람들은 자신들의 뇌가 그토록 빠른 속도로 새롭게 연결되면 어떻게 달라지는지 분명하게 감지했다. 1주일이 지나면 일반적으로 행복을 감지하는 감각이 더 발달하고 특별한 이유 없이 마음이 아주 편해졌다. 물론 공포나 불안을 느끼기도 했지만, 그 시간은 점점 짧아지고 약해졌다. 이런 연습을 지속적으로 한 지 3주 정도 지나면, 뇌는 반복되는 패턴을 인지하고 특정한 정보를 대뇌에만 넣어두지 않고 소뇌에도 넣어둔다. 소뇌는 자동적으로 진행되는 행동 패턴을 관할하는 부위다. 이 단계부터 공포와 공황이 주류를 이루었던 곳에서 기쁨과 경쾌함이 자동적으로 실행되기 시작한다. 내 환자들의 경우, 이런 훈련을 6주 정도 하고 나자 70퍼센트가 공포에서 벗어났다. 주로 잠자기 전에 훈련했던 사람들이 대부분 이 그룹에 속했다. 나머지 25퍼센트는 몇 주 더 연습하자 공황과 공포가 덮칠지도 모른다는 걱정에서 해방됐다. 이것은 지금까지 우리 치료실에서 치료받은 환자의 경험을 토대로 한 것으로, 이들 중 공포가 재발한 사람은 7퍼센트 이하였다. 다시 한 번 공포가 엄습한 소수의 사람들은 질병으로 인해 부차적 병적 이득을 얻는 세컨더리 게인이나 너무 일찍 훈련을 포기했기 때문에 그런 결과가 나타난 것으로 보인다.

아름답고 날씬한 몸매를 갖고 싶든 아니면 즐거움과 여유를 느끼는 뇌를 갖고 싶든, 당신이 바라는 것을 위해 뭔가를 하라. 예를 들어, 2년 동안 매주 여러 번 운동한다면 누가 봐도 매력적인 몸을 갖게 될 것이다. 그런데 이런 결과에 만족하고 즉각 모든 운동을 중단한다면, 이는 정말 바보 같은 일이 아닐수 없다. 그야말로 몇 달 동안 노력해서 얻게 된 근육들이 금세 다시 쪼그라들 것이기 때문이다. 우리 몸은 규칙적으로 쓰는 근육만 유지한다. 어떤 종류의 근육 운동을 하는 사람이든 근육량을 유지하려면 적어도 매주 2~3번 정도는 운동을 해야 한다.

　행복, 성공과 경쾌함(가벼운 마음)을 갖도록 뇌를 훈련할 때도 비슷한 원칙이 적용된다. 다만 이 경우에는 근섬유를 훈련하는 게 아니라 시냅스를 훈련해야 한다. 이 경우도 마찬가지다. 당신이 편안한 상태를 되찾게 되더라도, 특정 방식으로 사고하는 훈련은 계속해야 한다. 매일 저녁 10개의 문장 훈련을 적어도 5분 정도 하거나 매주 적어도 세 번씩 15분 정도는 해야 한다. 몇 달 전부터 완전히 당신이 원하는 결과를 얻게 되더라도 말이다. 특히 이 기간 동안 복용하던 약을 모두 끊었다면 반드시 심리훈련을 계속해야만 한다. 약을 복용하던 습관을 버리려면 뇌를 지원해줄 필요가 있기 때문이다.

　근육을 훈련하는 것과 비교할 게 또 있다. 훈련을 많이 한 사람은 근육이 늘어나는 과정이 멈추지 않도록 더 무거운 기구를 드는 식으로 규칙적으로 단계를 높인다. 심리훈련의 경우도 마찬가지다. 10개의 문장을 모두 이뤄냈다면, 원하는 다른 내용으로 다시 10개의 문장을 만들어야 한다. 이미 기록했던 10개의 문장은 성취했으므로 노트에 그대로 두면 된다. 새로 기록한 10개의 문장은 당신이 생각했던 것보다 더 빨리 성공할 수 있을 것이다.

연습할 수 있는 구체적인 과정을 서술하면 이렇다. 매일 자러 가기 전에 10개의 문장 가운데 단 하나의 문장에 집중한 다. 10일 후 이 목록 전체를 연습할 때는 다시 처음부터 시작 한다. 만일 연습을 하려는데 너무 졸려서 참을 수 없다면, 모든 문장을 이틀씩 연이어서 연습하면 된다. 이 경우, 10개의 문장 을 끝까지 해내려면 20일이 필요하다. 두 번째 날마다 감각을 거꾸로 실행한다. 그러니까 미각으로 시작해서 후각, 촉각, 청 각, 그리고 마지막으로 시각 훈련을 한다. 이렇게 하면 당신의 뇌는 적절하게 서로 연결되고 연습을 통해 빨리 좋은 결과를 얻어낼 수 있다.

"10개의 문장으로 마침내 두려움에서 해방되다!"

- 당신의 삶이 멋지다고 하려면 어떤 모습이어야 할지 10개의 문장으로 써본다.

- 다음 규칙은 반드시 지킨다. 부정어를 사용하지 않고 오로지 긍정적인 표현만 사용한다. 모든 문장은 현재형으로 서술한다. 매우 구체적인 상황을 담고 있으며, 남의 도움에 의지하지 않고 혼자서 스스로 달성할 수 있어야 한다.

- 매일 저녁 10개의 문장 가운데 하나를 머릿속으로 떠올린다. 이때 5가지 감각을 번갈아 사용해보라.

- 10일 후에 문장들 가운데 첫 번째 문장으로 다시 시작하라. 10개의 문장들 가운데 하나가 실현되면, 이 문장을 새로운 바람을 기록한 문장으로 대체한다.

- 두려움과 공포에서 해방되었더라도 훈련을 그만두면 안 된다. 좋은 상태를 유지하려면 계속 훈련해야 한다. 그렇게 해야 두려움과 공포가 영원히 되풀이되지 않는다.

5장

공포를 멈추는
다양한 기술

지금 바로 공포에서 벗어날 수 있다

사막에 있는 펭귄 이야기를 기억하는가? 이 이야기는 질문의 수준이 바로 목표를 달성할 수 있을지 아닐지 결정한다는 것을 설명하기 위한 것이었다. 이 불쌍한 동물이 어떻게 해서 사막까지 오게 되었는지 계속 묻는 사람은, 펭귄을 태양이 내리쬐는 사막에 불필요하게 오랫동안 서 있게 해서 더욱 힘들게 할 뿐이다. 반대로 펭귄이 어떻게 하면 빨리 바다로 돌아갈 수 있을지 알려고 하는 사람은, 상대적으로 빨리 해결책을 발견해서 펭귄을 도울 수 있다.

이것을 당신에게 구체적으로 적용해보면 이렇게 말할 수 있다. 두려움과 공포를 불러일으킨 원인을 찾으려고 과거에 주목해 허우적거리는 행동을 멈춰라. 대신에 두려움과 공포에서 당신을 자유롭게 해줄 수 있는 새롭고 대단한 기술에 집중하라.

건강을 되찾고 싶어 하는 사람에게 방해가 되는 유일한 것은 예전부터 자주 들어온 믿음들이다. 가령 이런 문장을 예로 들 수 있다. "그런 공포 증세는 단 몇 주 만에 낫지 않아." "어린 시절을 잘 이해하고 처리해야 돼. 그렇지 않으면 공포에서 벗어날 수 없어."

이런 고리타분한 말을 믿는다면, 새롭고 혁신적인 방법에 마음의 문을 열기가 어려울 수밖에 없다. 인류의 역사를 되돌아보더라도, 위대한 발명을 처음 접했을 때 사람들은 비웃거나 심지어 이를 거부하는 운동을 벌였다. 수십 년 동안 의학적인 표준으로 혹은 심리치료상 기준으로 간주되었던 많은 치료법이 오늘날 더 이상 사용되지 않고 있다. 그사이 더 나은 치료법이 나왔기 때문이다. 새로운 방법에 보수적인 태도를 취하는 사람은 앞으로 나아갈 수 없다. "이렇게 해야만 가능하고 다른 식으로는 안 돼!"라고 말하는 사람은 다른 이들보다 늦게 더 나은 방식을 배울 수밖에 없다. 항상 그래 왔으며, 미래에도 그럴 것이다. 인간은 연구하는 것을 멈추지 않는다. 새로운 인식이 자칭 '정확한' 지식을 대체하는 속도는 매년 빨라지고 있다. 유명한 화학자이자 노벨화학상과 노벨평화상을 받아 노벨상을 두 번이나 수상한 리누스 폴링은 이 같은 맥락의 핵심을 짚어주는 말을 했다.

"학문이란 마지막 단계까지 끌고 가는 오류다."

가능한 한 빨리 성공하기 위해서는 오래전부터 간직해온 확신을 던져버릴 필요가 있다. 아마도 당신은 다른 심리치료사들에게서 당신의 공포를 받아들여야 한다는 말을 들었거나 당신이 느끼는 공포심에 가령 '휴고'라든지 '수지'라는 이름을 붙여주라는 말을 들었을지도 모른다. 만일 이런 게 도움이 된다면, 계속 그렇게 하면 된다. 하지만 이런 방법들이 효과적이었다면 당신은 지금 이 책을 읽고 있지 않을 것이다. 그러니 그 모든 것을 빨리 잊어버리는 게 좋다. 원인을 알 수 없는 두려움은 분명 불쾌하다. 이런 두려움은 가능한 한 빨리 싸워서 떨쳐내야 한다. 그러기 위해 스포츠처럼 해야 한다. 쉽게 말해, 상대 선수를 이기려면 그의 약점을 공부해서 정확하게 그 약점을 공격해야 한다.

당신의 경우에 적용해본다면, 상대 선수는 바로 공포다. 공포도 약점이 있다. 그것은 어떤 감각 채널이 주로 공포를 유발하는가에 달려 있다. 수년간 치료실에서 내가 직접 시험해보고 정교하게 다듬은 기술들을 이용하면 몇 초 만에 밀려오는 공포를 단번에 중단시킬 수 있다. 그렇게 하려면 우선 당신이 느끼는 공포의 구조가 지닌 가장 큰 약점을 찾아내야 한다. 이는 간단한 테스트를 통해 충분히 할 수 있다.

이 과정에서 당신은 몇 가지 '패턴 차단자'들을 알게 될 텐데, 이것들을 이용해서 머릿속에 저장되어 있는 공포의 연쇄 반응을 중단시킬 수 있다. 이 기술은 즉각 효과가 나타난다. 당신이 자주 연습할수록 긍정적인 효과는 더 오래 지속된다. 패턴을 차단하는 기술들이 공포를 제지하는 효과가 얼마나 대단한지, 많은 환자가 두 번째 면담 시간에 이에 대해 보고했다. 이들은 이 기술이 자신들이 복용했던 약이나 수년간 받은 심리치료보다 더 도움이 되었다고 말했다. 물론 이렇게 눈에 띄는 성공을 거두려면 마음을 활짝 열고 이 기술들을 받아들여야 한다. 비관주의자라면 시작도 하기 전에 이런 말부터 할 것이다. "말도 안 돼. 그렇게 간단한 기술이 그토록 큰 효과가 있다면 왜 오래전에 다른 심리치료에서 사용되지 않았겠어?" 이렇게 생각하는 사람은 유감스럽게도 마음과 몸이 서로 작용을 주고받는 메커니즘을 스스로 차단하는 것이나 마찬가지다.

하지만 뭔가 새로운 것을 허용할 준비가 된 사람은, 이 효과적인 도구를 사용해 두려움과 공포에서 금세 자유로워질 수 있다. 불과 몇 주 동안만 이 간단한 기술을 적용해도 공포에 대한 공포, 그러니까 공포가 엄습할지도 모른다는 공포와 두려움이 사라질 것이다. 자신의 공포가 그야말로 몇 초 만에 사라진다는 사실을 알게 되면 예기치 않게 공포에 사로잡힐지도 모른다는 생각 때문에 더 이상 두렵지 않을 것이다. 이 같은 상태는 점점 공포가 줄어들고 마침내 사라지게 만든다.

이미 약을 복용하고 있다면, 조심하기 바란다. 효과가 나타나자마자 너무 빨리 복용하던 약을 모두 중단해서는 안 된다. 뇌가 약 성분에 익숙해졌기 때문에 약을 갑자기 중단하면 좋지 않은 부작용이 나타날 수도 있다. 적어도 6주 정도 지난 뒤, 담당 의사와 약을 끊어도 될지 의논한 다음에 조심스럽게 끊어야 한다.

불안의 감각 채널

우리는 5가지 감각을 통해 공포를 활성화시킨다. 시각적인 통로, 청각적 통로, 그리고 촉각적인 통로는 그중에서도 특히 대표적이다. 시각적인 통로를 거쳐서 만들어지는 공포는 장면의 형태를 띤다. 번개처럼 내면의 눈에 나타나는 것이다. 예를 들어 당신은 자신이 기절하는 모습, 사고를 당하거나 다른 사람들에게 비난받는 모습을 본다. 이런 장면들은 대개 매우 빨리 지나간다. 의식 상태에서는 결코 감지할 수 없을 만큼 빨리 지나가는 경우도 많다. 그러니 공포가 어떻게 유발되는지 알아내는 게 중요하다. 공포가 엄습할 때마다 이런 질문을 던져보라. "어떻게 공포가 유발됐지? 이 공포는 짤막한 장면이었나, 아니면 내가 특별히 주의를 기울였던 감정이었나? 그것도 아니면 내면의 대화가 공포를 불러냈나?"

내면에서 이루어지는 대화는 청각적 통로를 통해 공포나

공황을 초래하기도 한다. 생각 속에서 이야기하면서 공포심이 일어나는 것이다. 생각이 청각적인 과정이라는 사실을 아는 사람은 드물다. 생각할 때 우리는 머릿속에서 이야기하는 목소리를 듣는다. 이런 생각을 해보라. '바라건대 제발 공포에 사로잡히는 일이 없기를' 또는 '나는 못해. 나는 그것을 견딜 수 없어!' 공황을 겪어본 적이 한 번이라도 있는 사람이라면, 그런 생각이 공포를 덜어주는 게 아니라 악화시킨다는 것을 인정할 것이다. 이렇게 말할 수도 있다. '하지만 나는 이런 생각을 통제할 수 없어. 그냥 생기는 걸 어떻게 해!' 이런 생각을 할 때 역시 당신의 목소리를 감지했을 수도 있다. 이런 생각은 당신에게 의심을 품게 하고 힘을 뺏음으로써 아주 막강한 영향력을 행사한다. 그러나 이런 생각은 잘못된 것이다. 사실 내면의 대화는 충분히 통제할 수 있다. 다만 지금까지 그게 어떻게 진행되는지 알지 못했을 뿐이다. 하지만 이 장을 다 읽어갈 때쯤이면 그 방법을 알게 될 것이다.

운동감각에 의해 유발되는 공포는 우리가 조금 더 주의를 기울이는 신체의 특정 감각을 통해 발생한다. 두려움과 공포로 고통받는 사람들은 몸에 벌레가 기어가는 듯한 느낌, 근육이 긴장하는 느낌이나 위경련 증상이 나타날 때, 이것을 즉각 경고의 신호로 판단한다. 그러니까 곧 공포가 몰려올 것이라는 신호로 받아들인다. 하지만 이렇듯 지나치게 예민하게 행동함으로써 오히려 아드레날린과 히스타민이 방출되고, 이로써 신체 증상이 보다 더 강력하게 나타난다. 이 같은 여러 가지 느낌을 무시해버리면, 그런 모든 증상이 생겨났을 때처럼 빨리 사라지는 것을 느낄 수 있을 것이다. 건강한 사람들이 흔히 그렇듯이.

잠재의식에 의해 자동적으로 조절되는 신체 기능 가운데서 운동감각적인 공포가 유발되면 특히 골치가 아프다. 내 환자들 가운데 몇몇은 호흡을 통제하려고 시도한 적이 있다. 이는 반드시 문제가 될 수밖에 없다. 태어날 때부터 완전히 자동적으로 진행되는 과정을 통제하려는 것이니까 말이다. 올바르게 호흡하기 위해서 생각할 필요가 있다면, 인류는 이미 오래전에 멸종하고 말았을 것이다. 논리적으로 봐도 이런 환자에게 호흡 훈련을 제안하는 것은 최악의 충고다. 몸이 필요한 만큼 알아서 호흡하게 내버려두는 법을 배우는 대신에, 원래 잘 돌아가는 과정에 주의를 완전히 집중하다 보면 문제가 생기는 게 당연하다.

　공포와 공황의 1퍼센트만이 후각이나 미각을 통해 활성화된다. 대체로 특별히 심각한 사고나 폭력, 비극적인 불행으로 인해 형성된 트라우마성 경험이 이런 식으로 공포를 유발한다. 그 같은 사건이 일어나는 동안에 맡았던 냄새 혹은 특정한 맛이 훗날 공포나 두려움을 유발하는 인자가 되는 것이다. 이때 이 책에서 소개하는 기술들을 동원하면 후각적 기억이나 미각적 기억을 약화시킬 수 있다.

패턴 차단은 공포와 두려움을 막아주는 비밀 무기

　우리는 의식하지 못하지만 공포는 특정한 패턴을 따른다. 이 패턴을 발견하기 위해 오랫동안 연구할 필요는 없다. 몇 가지 간단한 테스트를 해보면 금세 알 수 있다. 사람들이 두려움을 느끼는 원인은 제각각 다르기 때문에, 일반적으로 알려진 공포를 불러일으키는 패턴이 당신에게는 효과가 없을 수도 있다. 우선 분명한 패턴에 집중하고 이 패턴을 차단하는 것을 연습하자. 그래야 가능한 한 빨리 성공을 거둘 수 있다.

패턴을 찾아내려고 할 때는 일상적으로 사용하는 언어가 도움이 된다. 많은 패턴이 이미 수백 년 전부터 일상적으로 사용되는 언어의 형태로 '숨어 있는' 까닭이다. 예를 들어, '생각의 회전목마'라는 게 있다. 정말 약간만 주의를 기울이면 우리 모두는 회전목마처럼 반복해서 생각한다는 것을 알 수 있다. 가만히 서 있는 바퀴나 둥근 판처럼 왼쪽이나 오른쪽으로 돌아가기도 한다. 앞으로 혹은 뒤로 돌아가는 원통, 위로 혹은 밑으로 감겨 있는 나선형 형태를 자주 볼 수 있다.

당신만의 고유한 회전 방향을 확인하면, 그것이 반복된다는 것 역시 확인할 수 있을 것이다. 항상 같은 방향으로 돌고 있다는 것을 알 수 있을 것이다. 다음번에 머리가 다시 그 방향으로 돌아가면, 패턴을 방해하는 실험을 할 수 있는 완벽한 순간이라고 생각하면 된다. 먼저 당신의 '생각의 회전목마'가 어떻게 돌고 있는지 관찰하고, 이 방향과 반대 방향으로 돌린다는 상상을 하라. 이렇게 하고 나서 어떤 일이 일어나는지 정확

하게 주시하라. 집중을 잘하는 사람이라면 몇 초 후에 회전목
마가 삐걱거리기 시작하는 것을 알아차릴 것이다. 처음에는
적어도 10초 동안 집중해서 반대 방향으로 돌려본다. 얼마나
빨리 조용해지고 평온해지는지 느낄 수 있는가? 내 환자 중 많
은 사람이 몇 주 만에 혹은 몇 달 만에 처음으로 머릿속에 평
온이 찾아오는 마법 같은 순간을 맞이했다고 보고했다.

3년 전, 나와 잘 알고 지내던 여자 친구가 정신병원에 있
는 남동생에게 같이 가달라고 부탁했다. 이 젊은 친구는 5주
전에 입원했다. 그의 머릿속에서 생각이 멈추지 않았기 때문
이다. 생각이 돌고 돌면서 계속 반복되는 바람에 이성을 완전
히 잃어버릴지도 모를까 봐 두려워져 스스로 입원을 선택했다
고 했다.

나는 그와 어릴 때부터 잘 알고 지냈다. 그는 내가 던지는
독특한 질문을 잘 받아주었다. 나는 그를 만나서 생각이 어떤
방향으로 돌고 있는지 물었다. 그는 손으로 자신의 생각이 오
른쪽으로 돌아간다고 그려보였다. 그래서 나는 그 회전목마가
왼쪽으로 돌아간다고 강렬하게 상상해보라고 말했다. 그는 왼

쪽에 모든 신경을 집중했다. 내가 지켜보는 동안, 그는 의자에 앉아서 그렇게 했다. 대략 1분쯤 지나자 그는 미소를 지었다. 눈물도 몇 방울 흘렸다. 그는 의자에서 일어나더니 나를 꼭 부둥켜안았다. "평온해. 몇 주 만에 처음으로 머릿속이 조용해."

그는 생각이 반복해서 회전하려고 할 때마다 이 방법을 시도했다. 그가 이 방법을 자주 사용할수록, 평온은 더 빨리 찾아왔고 효과는 더 오랫동안 지속됐다. 대략 1주일쯤 지나자 그는 퇴원해 정상적인 사회 생활을 할 수 있었다.

고통의 원인을 찾기 위한 테스트

이 테스트를 하려면 종이 몇 장과 연필만 있으면 된다. 본보기로 공포를 불러일으키는 2가지 원인을 찾아보자. 그러기 위해 공포를 불러일으키는 3가지 통로를 관찰해야 한다. 청각, 시각, 그리고 마지막으로 촉각이다. 공포로 힘들어하는 환자들을 살펴보면 대개 하나의 통로가 강력하게 공포를 유발한다는 것을 알 수 있다. 그래도 3가지 통로를 모두 관찰할 필요가 있다. 공포는 하나의 패턴이 방해를 받으면 다른 통로로 옮겨가는 경향이 있기 때문이다. 그래서 3가지 공포의 통로를 확실하게 막아야 공포에서 빠르게 벗어날 수 있으며, 공포가 재발하는 것을 지속적으로 막을 수 있다.

청각적으로 유발되는 공포 먼저 테스트해보자. 공포가 엄습하기 전에 머릿속에서 가장 자주 떠오르는 문장 2개를 적어보라. 예를 들어보겠다. "제발 지금 공포에 사로잡혀선 안 돼. 그러면 그야말로 대재난이 일어날 거야" 혹은 "오, 하나님, 이제 터널을 지나가야 하는데, 제발 차들이 막히지 않게 해주세요." 다음과 같은 문장도 자주 등장한다. "나는 여기에서 빠져나갈 수 없어. 돌아버릴 것 같아." 이것들은 예시일 뿐이다. 당신은 자기 내면의 대화를 기록하면 된다. 가능하면 공포나 두려움이 일어나기 바로 전 혹은 일어나고 있는 동안에 머릿속에서 생각나는 내용을 정확하게 적는다.

이어서 당신을 행복하게 해준 문장 2개를 기록한다. 이때 중요한 것은, 당신이 그 말을 집중해서 기억하면 좋은 느낌을 감지할 수 있어야 한다는 것이다. 아이가 당신에게 세상에서 최고의 엄마라든가 최고의 아빠라고 말했을 때의 목소리를 생각해도 된다. 혹은 상사의 칭찬을 듣고 기뻤던 기억도 괜찮다. 결정적인 순간에 골을 넣었을 때 자신과 팀원이 질렀던 고함 소리도 좋다. 공포가 엄습하기 바로 전에 떠오르는 2개의 문장과 합해서 4개의 문장이 완성되면 우선 읽어보자.

끝났는가? 그러면 종이 윗부분에 '청각'이라고 쓰고 옆에 놓아둔다.

이제 새로운 종이에 생생하게 기억나는 공포나 두려움을 느꼈던 2가지 상황을 적어본다. 언제 어디에서 그랬는가? 누군가 옆에 있었는가 아니면 혼자였는가? 도대체 어떤 일이 일어났으며, 당신은 무엇을 봤는가? 실제로 일어났든 아니면 상상했든 상관없다.

많은 사람이 자신이 기절하든가 아니면 자동차를 몰고 반대 차선 혹은 가드레일을 향해 미친 듯이 달려가는 장면을 본다. 이런 일이 실제로 일어나지 않았어도, 머릿속으로 상상하는 것만으로도 공포가 유발된다. 그밖에 부정적이지만 당신이 결코 공포를 느끼지 않았던 상황을 하나 기록해본다. 몇 년 전 일이어도 괜찮다. 배우자와 격렬하게 싸웠던 순간이나 사고,

특히 고통스러웠던 패배 등 이와 비슷한 상황이면 된다.

테스트를 하려면 긍정적인 장면도 필요하다. 쉽게 상상할 수 있는 긍정적인 장면 2가지를 찾아보자. 많은 사람이 첫 아이의 출생이나 시험에 합격했던 순간, 멋진 휴가나 꿈이 이루어진 순간을 생각한다. 확실하게 긍정적인 기억이면 뭐든 괜찮다. 많은 사연을 가지고 태어난 아이, 현재 함께 살고 있지 않은 애인과의 연애나 오래전에 헤어진 사랑 이야기, 두려움을 자아냈던 휴가에 대해서는 절대로 쓰면 안 된다.

처음에는 이런 기억을 되살리는 게 어려울지도 모른다. 우리의 뇌는 긍정적인 기억을 끄집어내는 데 익숙하지 않기 때문이다. 하지만 10개의 문장 훈련을 정확하게 실행했다면, 이 테스트를 하면서 그리 큰 어려움을 느끼지 않을 것이다. 이미 당신의 뇌는 새롭게 연결되어 있기 때문이다. 각각의 장면을 다 기록했으면 우선 읽어본다.

끝났는가? 그러면 종이 윗부분에 '시각'이라고 쓰고 종이를 옆에 치워둬라.

이제 운동감각으로 공포를 유발하는 인자만 남았다. 공포를 느끼자마자 분명하게 감지할 수 있는 2가지 감각을 써보자. 가장 눈에 띄는 게 부정맥일지라도 이것은 기록하지 않는다. 부정맥은 아드레날린이 방출되면 이어서 나타나는 결과일 뿐이다. 패턴을 방해하는 기술을 적극 사용하면 금방 사라진다. 심장박동이 빨라지는 것은 건강에 그다지 해롭지도 않다. 공포를 느끼는 순간에는 해로울 것처럼 생각되지만 말이다. 강도 높게 운동하거나, 열정적으로 섹스를 하거나, 흥미진진한 영화를 봐도 심장박동이 빨라진다. 어찌 됐든 운동은 건강에 긍정적인 효과가 있다. 심장 역시 하나의 근육이라 심장에 부담을 주면 더 강해진다. 아드레날린으로 인해서든 1000미터 질주를 통해서 부정맥이 발생해서든 심장 근육은 운동을 하면 더 강해지게 마련이다.

공포가 엄습했을 때 당신이 감지한 신체상의 증상 2가지를 기록하라. 현기증, 팔과 다리에 벌레가 기어가는 듯한 느낌, 가슴에 느껴지는 압박감이나 목에 덩어리가 걸려 있는 느낌 같은 것 말이다. 이런 느낌을 자세하게 기록하고 감각의 방향과 온도를 자세히 살펴라. 만일 개미가 당신의 팔을 기어가는 것 같은 느낌이 들면, 개미가 팔 위로 기어가는 것 같은지 아니면 밑으로 기어가는 것 같은지, 그 느낌이 뜨거운지 아니면 차가운지에도 주의를 기울여라. 색깔이 떠오르면, 가령 빨간색이 떠오르면 색깔도 적어둔다. 세부적인 사항을 자세하게 적을수록 나중에 보다 쉽게 이 느낌을 몇 초 만에 멈출 수 있을 것이다. 위장에서 뭔가 묵직한 느낌이 든다면, 이것이 내부에서 외부로 향하는지 아니면 외부에서 내부로 향하는지 살펴보라. 통증이 칼로 찌르는 느낌인지 아니면 주먹으로 때리는 것처럼 둔탁한 느낌인지 주의를 기울여라. 현기증도 빙빙 도는 것 같은지 아니면 흔들거리는 것 같은지 알아내야 하고, 방향이 앞에서 뒤인지 혹은 왼쪽에서 오른쪽인지 구분할 수 있어야 한다.

처음에는 당신의 느낌을 상세하게 서술할 수 없을지도 모른다. 그러면 다음번에 비슷한 증상이 나타났을 때 그 느낌을 의식적으로 관찰해서 이것을 제대로 기록하면 된다. 느낌이 충분히 파악됐을 때 말이다.

다 기록했으면 종이에 '운동감각'이라고 써서 손으로 잡을 수 있는 범위에 놓아둔다. 그리고 다음번에 공포가 엄습하면 운동감각을 관찰하라. 다른 사람들과 달리 어떤 것에 공포를 느끼는지, 그리고 그 공포가 가진 약점이 무엇인지 알아낼 수 있는 좋은 기회다. 이런 공포를 극복하기 위해 말이다.

공포를 떨쳐내는 첫 걸음, 공포의 방향을 찾아라

몇 분 동안 방해받지 않는 상태에서 편안하게 앉아 '청각' 종이를 손에 든다. 다음과 같은 테스트를 실시하자 환자들은 처음에 많이 당황했다. 완전히 집중해서 경청하기까지는 어느 정도 시간이 필요했다. 그러나 공포의 중요한 약점을 찾기 위해 충분한 시간을 할애했더니 마침내 모두 테스트를 잘 마쳤다. 그러니 여러분도 인내심을 갖기 바란다.

공포에 관해 기록한 2장의 종이를 머릿속으로만 읽어본다. 처음에는 뭔가 이상하게 느껴질 수도 있지만, 문장을 읽을 때 한쪽에서만 들리는지 잘 살펴보라. 왼쪽 귀인가 아니면 오른쪽 귀인가? 확실하지 않으면, 어떤 쪽 귀인지 정확하게 알 수 있을 때까지 문장을 반복해서 읽는다. 많은 사람이 눈을 감고 이 테스트를 했을 때 부정적인 문장들이 보다 쉽게 한쪽 귀로 들린다고 했다. 정확하게 감지해야 한다. 이때 내면의 대화가 어느 쪽으로 쏠리는지, 그리고 어느 쪽에서 대화를 원치 않는지 살펴보라. 이어서 부정적인 문장을 왼쪽 혹은 오른쪽이 더 잘 인지했다는 것을 기록해둔다. 이제 긍정적인 문장 2개로 이 테스트를 반복한다.

놀랍게도 내 환자들 중 91퍼센트가량이 2가지를 매우 빨리 감지해냈다. 우선, 생각은 실제로 어느 한쪽에서 훨씬 더 분명하게 들렸다. 두 번째, 긍정적인 생각인지 부정적인 생각인지에 따라 왼쪽 혹은 오른쪽에서 더 잘 들렸다. 한쪽에서 분명하게 더 잘 들리는지 감지할 수 없었던 사람도 소수 있었다. 당신이 이런 소수에 속하더라도 걱정할 필요는 없다. 이는 공포를 관할하는 통로가 다르다는 뜻일 뿐이다. 다른 통로에 적합한 테스트도 물론 존재한다. 그래도 이 테스트를 끝까지 하면 놀라운 일을 경험할 수 있을 것이다.

실제로 섬세한 사람들은 상대적으로 좋은 생각과 나쁜 생각을 뇌의 양편으로 신속하게 분리할 수 있었다. 우리 치료실에서 실시한 테스트 결과는 미국 학자들이 실시한 연구 결과와 일치했다. 즉, 모든 환자의 67퍼센트가 주로 왼쪽으로 나쁜 생각을 듣고, 주로 오른쪽으로 좋은 생각을 들었다. 24퍼센트는 완전히 반대였다. 여기에서 공통된 패턴이 하나 등장한다. 특정한 느낌을 뇌의 왼쪽 혹은 오른쪽에서 감지하는 것을 더 선호한다는 것이다.

이제 '시각' 종이를 들고 먼저 부정적인 장면으로 시작해서 긍정적인 장면으로 넘어가보자. 청각 통로에서 이 2가지를 분명하게 구분할 수 있었던 사람들은 '시각' 테스트에 따른 장면을 떠올릴 때도 잘 분리해낸다. 사람들은 한쪽으로 부정적인 것을 듣고 보며, 다른 쪽으로 긍정적이거나 최소한 중립적인 정보를 듣고 봤다. 청각 테스트에서 어려움을 느꼈다면, 시각 테스트는 좀 더 쉬울 수도 있을 것이다. 청각적인 통로보다 시각적인 통로에 민감한 사람일 수도 있으니 말이다. 그래도 여전히 좌우 어느 쪽인지 분명하게 가려낼 수 없다면 운동감각 통로에 민감한 사람일 수도 있다. 이런 경우는 그에 적합한 기술을 적용하면 된다.

대부분의 사람이 나쁜 장면과 나쁜 내면적 소리를 같은 쪽에서 감지했다. 실험 결과 2퍼센트 정도만 왼쪽에서 부정적인 장면을 감지해냈다. 이것은 앞으로 설명할 기술에 전혀 영향을 미치지 않는다. 우선 마음을 가다듬고, 어디에서 무엇이 감지되는지 살펴보라. 그리고 나서 다음 연습을 시도해보라.

회전목마처럼 빙빙 돌아가는 생각 외에 긍정적인 생각과 부정적인 생각을 만들어내려면 따라야 하는 또 다른 패턴이 있다. 우리는 모든 일을 좋은 측면과 나쁜 측면으로 분리한다. 이어지는 장에서는 공포와 두려움에서 가능한 한 빨리 벗어나기 위해 그런 패턴을 어떻게 이용할 수 있는지 설명할 것이다. 패턴을 차단하는 또 다른 방법을 이용하면 단계적으로 뇌를 통제할 수 있다. 그렇게 하면 공포와 두려움에서 완전히 벗어나 일상생활로 돌아갈 수 있을 것이다.

3년도 넘게 공포로 힘들어했고 항우울제를 복용한 경험이 있는 100명의 환자들 가운데 대략 3명이 다음에 소개하는 훈련을 받고 첫날 또는 나흘째 되는 날까지 모순적인 반응을 보였다. 100명 가운데 97명은 분명히 호전되었으나 3명은 심각할 정도로 불안한 반응을 보였다. 하지만 이런 불안은 늘 그렇듯이 훈련을 시작한 첫 주가 지나면서 점점 가라앉았고, 훈련을 통해 마침내 개선되었다.

시각적 공포에서 벗어나는 기술

　자세한 설명에 들어가기에 앞서 몇 가지 이야기해둘 것이 있다. 앞으로 당신이 내면의 눈으로 불러와야 하는 그림이나 장면에 대해 말할 것이다. 이는 이미 경험했던 것일 수도 있고, 아니면 환상일 수도 있다. 이 2가지가 섞여 있을 수도 있다. 당신은 당신 머릿속에서만 돌아가는 영화를 보는 것 같을 것이다. 공포를 느끼게 하는 장면은 대개 중립적이거나 긍정적인 장면들보다 빨리 돌아간다. 당신의 뇌가 지금까지 완전히 자동화 체계로 움직이고 있었다는 것을 인지하려면 집중해서 연습해야 한다. 금방 성공하지 못하더라도 인내심을 갖기 바란다. 내 환자들은 얼마간 연습한 후 모두 이런 과정을 머릿속에서 인지할 수 있었으며, 그러고 나자 이 자동화 과정을 적극적으로 바꿀 수 있었다.

시각적으로 밀어내기, 부정을 긍정으로 바꾼다

시각적으로 잘 떠올릴 수 있는 부정적인 장면을 하나 생각
하라. 당신이 직접 경험한 것이어도 되고, 상상한 것이어도 된
다. 연습할 때 눈을 감으면 보다 효과적이다. 이런 장면이 머릿
속 어느 쪽에서 나타나는지 관찰하고, 이 장면을 반대편으로
밀어보라. 왼쪽에서 나타났다면 오른쪽으로 미는 것이다. 당장
이 연습을 실시하고, 무슨 일이 일어나는지 주의를 기울여 관
찰하라. 여기에서 잘못될 것은 전혀 없으니 걱정하지 않아도
된다. 당신의 뇌가 언제 어디에서 어떤 일을 하는지 이해하는
것이 중요하다. 이제 명백하게 부정적인 장면을 불러오고, 이
내용을 인식하는 것이 뇌의 어느 쪽인지 확실해지면 이것을
좋은 내용을 인식하는 쪽으로 밀어버려라.

연습해봤는가? 뭔가 확실하게 느껴졌는가? 대부분의 장면
은 한가운데 딱 멈춰 있어서 뇌의 오른쪽이나 왼쪽으로 옮겨
가는 것을 거부하는 것 같다. 이는 지극히 정상적인 반응이다.
당신의 뇌는 부정적인 장면을 늘 한쪽에서만 관리했을 뿐, 다
른 쪽에서 받아들이는 방법을 배우지 않았기 때문이다.

시각적인 능력이 특별히 뛰어난 사람들은 얼마 지나지 않아 장면들을 밀어내는 데 성공할 것이다. 당신이 이런 부류에 속한다면, 다른 쪽으로 밀어내기 위해 장면을 직접 바꿔야 한다는 사실을 깨달았을 것이다. 긍정적인 장면을 흡수하는 쪽 뇌에 받아들여지려면 부정적인 장면을 탈바꿈시켜야 한다. 부정적인 장면이 최소한 감정적으로 중립적이 되거나 긍정적으로 변해야 하는 것이다. 당신이 두려움에 휩싸여 자동차에 앉아 있는 장면을 왼쪽 뇌에서 인지했다면, 두려움을 전혀 품지 않은 상태로 자동차에 앉아 있는 장면은 오른 쪽 뇌가 감지하게 마련이다.

이런 속임수는 부정적인 장면들을 붙들고 있지 않고 바꾸는 것을 허용하기 때문에 가능하다. 어떻게 부정적인 장면들이 바뀌는지 그 과정을 알 필요는 없다. 당신은 그냥 뇌 속에서 이뤄지는 작업을 구경하면 된다. 뇌가 얼마나 손쉽게 한쪽에선 부정적인 장면을 불러오고 다른 쪽에선 중립적이거나 긍정적인 장면들을 만들어내는지 알고 나면 믿기 어려울 것이다.

수십 년 동안 공포에서 벗어나기 위해 갖은 노력을 했지만 실패했던 환자들 가운데 일부는 이 같은 밀어내기 기술을 처음에는 사용하지 못했다. 그러나 다른 연습을 함으로써 그런 어려움을 극복할 수 있었다.

내면의 눈으로 유모차 위에 텔레비전이 있다고 상상해보라. 텔레비전은 꺼져 있다. 이제 이 장면을 왼쪽에서 오른쪽으로 미는 연습을 하고, 그다음에는 반대로 오른쪽에서 왼쪽으로 미는 연습을 한다. 이 과정이 지극히 매끄럽게 이루어진다고 느껴질 때까지 계속 연습하라.

먼저 텔레비전을 부정적인 쪽에 서 있게 하고 상상력을 동원해서 켜보라. 화면에 부정적인 기억을 불러내라. '시각' 종이에 적혀 있는 장면이면 더 좋다. 그리고 텔레비전을 다시 긍정적인 쪽으로 밀어보라. 텔레비전이 당신의 시야에서 가운데를 지날 때쯤 텔레비전 화면에 잠시 흰색 노이즈가 나타나 장면이 바뀔 것이다. 이제 무슨 일이 일어나는지 관찰해보라. 화면이 검은색으로 멈춰 있는가, 아니면 중립적인 혹은 긍정적인 장면이 나타나는가? 텔레비전이 처음에는 어두운 상태이더라도, 이것 역시 성공적인 결과라고 봐야 한다. 당신은 이미 이 같은 방식으로, 당신의 뇌가 부정적인 장면을 불러오는 것을 방해하는 방법을 익혔다. 이로써 당신은 부정적인 장면을 멈추게 하는 데 매우 효과적인 정지 기술을 배웠다.

이렇게 밀어버리는 연습을 자주 할수록 자동적으로 당신의 뇌는 예전과 다른 새로운 방법으로 공포를 불러일으키는 장면들을 다룰 기회가 더 많아진다. 처음에는 오로지 긍정적인 장면을 담당하던 뇌의 한쪽 면에서 나쁜 장면을 사라지게만 하지만, 시간이 지나면서 뇌가 자동적으로 작업하기 시작한다. 그러니까 긍정적인 장면을 담당하는 뇌의 한쪽 면에서 점점 더 편안한 장면이 많이 나타나도록 만들기 시작한다.

예를 들면 이런 식이다. 많은 사람이 왼쪽에서 하나의 장면을 본다. 두려움에 휩싸여 어찌할 바를 모른 채 슈퍼마켓에서 구입한 물건을 계산도 하지 않고 뛰쳐나가는 모습이다. 이런 장면을 오른쪽으로 밀어주기만 하면 장면이 바뀌면서 긴장이 풀리고 가득 찬 장바구니를 들고 슈퍼마켓에서 나오는 장면을 보게 된다. 혹은 기분 좋은 상태로 산책을 하고 쇼윈도를 구경하며 유유자적하게 걸어 다니는 모습을 볼 수도 있다.

이렇듯 간단한 기술이 잘 작동할 수 있는 신경생리학적 원인은 무엇일까? 나쁜 측면에서 좋은 측면으로 밀어내기는 쉽게 말해 패턴을 방해하는 기법이다. 이런 시도는 아드레날린과 히스타민 방출에 영향을 미친다. 당신의 뇌는 수년 전부터 적절한 계기를 제공하면 그 같은 신경전달물질을 방출하는 훈련을 해왔다. 여기에서 계기란 공포를 느끼는 장면이나 내면의 대화일 수도 있고, 몸의 어떤 부분이 불편한 느낌에 집중하는 것일 수도 있다. 이런 것들의 배후에선 머리의 한쪽에서만 그런 불쾌하고 불편한 일들이 일어나게 하는 패턴이 만들어진다. 뇌의 다른 쪽에 집중하는 것으로도 충분히 수년 동안 반복된 패턴을 중단시킬 수 있다. 이를 통해 당신의 뇌는 완전히 자동적으로 아드레날린과 히스타민을 방출하는 것을 그만둔다. 이로써 그런 신경전달물질을 통해 신체에 나타나는 모든 부정적인 증상들도 멈춘다.

슬로모션 기술, 느려진 공포는 두렵지 않다

장면을 자세히 볼 수 있지만 밀어내기 기법을 잘 수행할 수 없는 사람은 다른 기술을 이용하면 된다. 이 두 번째 기술은 물론 밀어내기 기술을 잘해낸 사람들에게도 유용하다. 이 기술은 "슬로모션 기술"이라고 부르는데, 공포를 자아내는 장면들은 우리 뇌 속에서 기본적으로 빨리 지나간다는 사실을 기초로 한다. 앞서 예시한 극장 이야기를 기억하는가? 극장에서 범죄 영화를 본다. 뭔가 빨리 진행되는 장면이 나오면 당신은 우선 깜짝 놀란다. 반대로 그런 장면들이 지극히 천천히 돌아가면, 그러니까 슬로모션으로 진행되면 동일한 장면을 보더라도 전혀 놀라지 않는다. 여기서 알 수 있듯 시각적으로 발생하는 공포에는 심각한 약점이 있다. 바로 매우 빨리 진행된다는 것이다.

공포를 몇 초 만에 멈추기 위해 슬로모션 기술을 사용하는 법을 예를 들어 설명하겠다. 2015년 1월쯤 27세 여성이 심각한 공황장애와 강박장애로 고통받고 있다면서 나를 찾아왔다. 4년 동안 치료를 받았으나 전혀 호전되지 않았다고 했다. 3년 전부터 복용한 항우울제는 30킬로그램 이상 체중이 늘어나게 했을 뿐이다. 이 모든 것은 그녀의 스물세 번째 생일이 지난 뒤

남자 친구를 만나기 위해 베를린에서 지하철에 타려던 때 시작됐다. 갑자기 번개처럼 머릿속에서 짤막한 장면이 하나 떠올랐다. 달려오는 지하철에 몸을 던진 그녀 위로 지하철이 지나가는 장면이었다. 그녀는 너무나 놀랐다. 또 다시 그런 장면을 보게 될까 봐 두려웠다. 그러나 두려워할수록 그 장면이 더 자주 떠올랐다. 그녀는 결코 그런 방식으로 자살하려고 생각해본 적이 없지만, 점점 지하철과 도시철도를 피하게 됐다. 나중에는 전철이 지나가는 레일만 봐도 숨이 가빠졌다. 이렇듯 피할수록 어느 날 정말 그렇게 될지도 모른다는 공포심은 점점 커졌다.

무엇이 공포를 불러일으키는지 묻자 그녀는 늘 번개처럼 눈앞에 나타나는 장면이라고 대답했다. 지하철에 자신의 몸을 던지는 장면 말이다. 이 장면을 아주 천천히 상상할 수 있는지 물었더니, 그녀는 당황해서 이렇게 말했다. "당연히 안 되죠. 그렇게 하면 정말 끔찍하지 않을까요?" 그래서 나는 어떻게 실제로 해보지도 않고서 끔찍한지 알 수 있느냐고 물어봤다. 그리고 천천히 이렇게 말했다. "당신이 지하철 선로에 뛰어내리는 순간을 아주 천천히 상상해보세요. 근육이 긴장하고 마침내 선로에 몸이 닿으려면 10분 정도 걸릴 겁니다. 대략 5분 뒤에 당신의 몸은 허공에 둥둥 떠 있을 겁니다. 당신의 몸은 1밀리미터씩 밑으로 움직입니다. 선로가 있는 방향으로 말이지요. 그 사이 지하철도 1밀리미터씩 당신이 있는 방향으로 다가오는 것을 관찰할 수 있습니다. 깜짝 놀란 기관사의 얼굴이 이상하게 찌푸려지는 것까지 또렷이 보입니다."

그녀는 내 말을 따라 자신을 두렵게 하는 장면을 상상했다. 마침내 그녀는 긴장이 약간 풀어져서 그다지 두렵지 않다고 말했다. 이때까지만 해도 그녀는 아무것도 알지 못했다. 수년 동안 지하철을 탈 수 없게 만들었던 바로 그 장면을 천천히 돌아가게 하자 공포가 전혀 느껴지지 않는다는 사실을 말이다. 그녀는 점차 깨닫게 되었다. 머릿속의 장면들을 번개처럼 빠르게 지나가게 할지 아니면 보다 천천히 돌아가게 할지 스스로 조절할 수 있다는 것을 알게 된 것이다.

바로 그날 오후에 그녀는 몇 년 만에 처음으로 지하철 계단을 밟았다. 물론 즉시 끔찍한 장면이 떠올랐지만, 그녀는 자신을 억압하지 않고 아주 천천히 장면들이 지나가게 했다. 그녀는 가만히 서서 지하철이 도착할 때까지 기다릴 수 있었다. 문이 열리자 용기를 내 지하철에 탔다. 몇 년 만에 처음으로 집 부근까지 지하철을 타고 갔다. 그녀는 자랑스러웠다. 이후 그녀는 매일 이렇게 연습했다. 첫 번째 주에는 두려운 장면들이 매일 나타났지만, 두 번째 주가 되자 세 번 나타났고, 세 번째 주에는 딱 한 번 떠올랐다. 네 번째 주가 되자 그런 장면들이 더 이상 떠오르지 않았다. 단 한 번의 면담과 단 하나의 기술이 몇 년 동안의 심리치료와 다양한 약품보다 더 효과가 있었다. 심리치료와 약을 끊고 나자 그녀는 아무런 문제없이 체중을 줄일 수 있었다. 이제 원하는 체중이 되려면 6킬로그램만 더 줄이면 된다.

대부분의 사람이 공포가 덮치면 주의를 다른 곳에 돌려야 한다고 생각한다. 적지 않은 심리치료사들이 오늘날까지도 이런 방식을 올바른 방법이라고 믿고 환자들에게 적용하고 있다. 그러나 공포를 불러일으키는 생각이나 장면들은 주의를 다른 곳에 돌려 내보내버리더라도 이내 다시 돌아온다. 그런 생각이나 장면들은 계속해서 엄습한다. 던져도 다시 돌아와 머리에 부딪히는 부메랑처럼 말이다. 이 책을 시작할 때 인용한 아인슈타인의 말이 적절하게 잘 어울리는 경우가 아닐 수 없다.

> "바보 같은 짓 가운데 그야말로 최고봉은 항상 똑같은 행동을 하면서 다른 결과가 나오기를 기대하는 것이다."

부정적인 생각과 장면들은 품는 편이 낫다. 다만 그것들을 통제하면 된다. 당신이 붙들고 있는 것은 당신을 덮칠 수 없다. 이것을 붙들고 있으면 적극적으로 조종할 수 있다. 이런 생각이나 장면들이 더 이상 당신을 두렵게 만들지 못하게 하면, 뇌는 단 몇 주 만에 새롭고도 훨씬 쾌적한 태도를 완벽하게 자동화시킨다.

청각적 공포에서 벗어나는 기술

이제까지 회전목마처럼 돌아가는 생각을 멈출 수 있는 방법을 소개했다. 내면의 대화에 영향을 줄 수 있는 멋진 기술들은 더 있다. 이런 기술을 이용하면 공포와 공황이 자동적으로 실행되는 시스템과 이와 연관되어 있는 신체적인 증상들을 완전히 없앨 수 있다.

청각적 밀어내기, 말의 음색과 의미까지 달라진다

시각적인 장면들과 똑같이 내면에서 일어나는 대화, 그러니까 생각들도 한쪽에서 다른 쪽으로 밀어낼 수 있다. 조용히 한번 시험해보자! 우선 공포를 유발하는 문장 중에서 '청각' 종이를 집어들고, 그 내용을 어느 쪽에서 더 잘 들을 수 있는지 주의 깊게 관찰한다. 그리고 부정적인 내용을 듣는 귀를 긍정적인 내용을 듣는 귀로 밀어보자. 맨 먼저 어떤 변화를 감지할 수 있는가?

부정적인 문장을 긍정적인 쪽에 밀어내자 전혀 아무 소리
도 들리지 않거나 적어도 뭔가 잘못된 것 같은, 왜곡되고 이상
한 소리가 들리지 않는가? 대부분의 환자가 긍정적이고 좋은
말을 받아들이는 귀에 집중하자 낱말의 내용조차 변했다고 말
했다.

이런 기술은 과거에 누군가와 나누었던 대화에도 적용할
수 있다. 오래전에 지인 한 사람이 나에게 매우 상처를 주는 말
을 했다. 이 말은 몇 년이 지나도 내 기억 속에 생생하게 남아
있었다. 그런데 그의 말이 항상 오른쪽에서 들린다는 사실을
확인한 다음에 나는 그의 말을 계속 왼쪽으로 밀어내면서 그
의 목소리를 왼쪽 귀로만 집중해서 들으려고 노력했다. 그러
자 그의 목소리는 즉시 매우 친절한 음색을 띠었다. 한때 그렇
게 상처를 줬던 말들이 전혀 다르게 느껴지기 시작했다. 내가
더 불편한 일을 당하지 않도록 돕기 위해 그가 그런 비판을 했
다는 것을 처음으로 깨닫게 되었다. 이때부터 우리 관계는 다
시 매끄러워졌다. 그와 나는 요즘도 자주 만나고 있다.

부정적인 내용을 듣는 쪽이 나쁜 장면을 보는 쪽과 반드시 같은 것은 아니다. 대략 2퍼센트의 사람이 왼쪽으로 부정적인 장면을 인지하지만, 오른쪽으로 나쁜 내면의 대화를 들었다. 당신이 어느 쪽에서 부정적인 장면을 인지하는지 알아낸 뒤 반대쪽으로 밀어내면 된다.

나는 1000명이 넘는 사람들을 상대로 이 테스트를 실시했다. 그 효과는 매우 빠르게 나타났다. 이 기술이 심리치료사들에게 아직도 잘 알려지지 않았다는 사실이 놀라울 따름이다. 내 환자들 가운데 9퍼센트만이 이 기술을 받아들이지 못하거나 원치 않았다. 나머지 91퍼센트는 즉각 놀라운 결과를 체험했고, 두려움 없이 살기 위해 계속 이 기술을 시도하고 있다.

나머지 9퍼센트의 사람에게 도움이 되는 또 다른 기술이 있다. 대부분의 사람이 이 기술을 사용해서 곧 자신의 공포를 극복해냈다. 그런데 이 기술에는 좀 웃기는 면도 있다.

피칭 기술, 당신의 공포를 미키마우스가 말하게 하라

청각적으로 유발되는 공포의 패턴을 매우 효과적으로 방해하는 기술이 있다. 바로 '피칭pitching 기술'이다. 내 환자들 10명 가운데 8명은 이 기술을 사용해서 금세 눈에 띄게 공포에서 벗어났다. 시각적으로 발생하는 공포와 마찬가지로 내면의 대화로 만들어지는 공포는 속도상 하나의 약점이 있다. '피칭'이라는 영어 단어는 '악기를 조율하다' 혹은 '소리의 높이를 바꾸다'라는 의미가 있다. 당신의 목소리를 녹음해서 조금 더 빨리 혹은 더 느리게 돌려보라. 목소리의 음색이 달라지는 것을 알 수 있을 것이다. 녹음한 내용을 더 빨리 돌리면 목소리는 보다 높고 분주하게 들리며, 더 느리게 돌리면 목소리는 더 깊고 굼뜨게 들린다.

대부분의 경우, 당신이 생각하면 머릿속에서 울리는 자신의 목소리를 듣게 된다. 자신의 목소리이기 때문에 그 내용을 기본적으로 신뢰하게 된다. 쥐가 내는 삑삑거리는 고음이나 아주 천천히 낮은 음성으로 울리는 낯선 사람의 말도 똑같이 신뢰할 수 있을까? 절대 아니다!

우리는 우리가 알고 있는 것만 신뢰한다. 뭔가 잘 모르는 것을 접하면, 생각과 행동 사이에서 비판적인 판단을 하기 시작하고 들었던 내용의 근거를 묻는다. 그런데 유감스럽게도 머릿속에서 자신의 목소리가 들리면, 자동적으로 그런 방식으로 검토하지 않는다. 그러니 공포로 인해 고통받고 있다면 공포를 유발하는 모든 생각의 베일을 벗기고 보다 상세하게 검토해봐야 한다. 바로 이때 도움을 주는 것이 피칭 기술이다.

머릿속에서 또다시 공포를 야기하는 생각이 들기 시작하면, 작고 웃기는 만화 속 캐릭터를 하나 떠올려라. 이 캐릭터가 당신의 머릿속에서 떠오르는 생각들을 대변한다고 말이다. 이런 기술을 사용하더라도 당신은 여전히 부정적인 문장을 들을 것이다. 예를 들어, "나에게는 모든 것이 너무 부담돼. 나는 절대 해낼 수 없을 거야" 같은 문장이 들리지만, 완전히 왜곡된 음성으로 이 문장을 듣는다고 상상해보라. 가령 도널드 덕처럼 꽥꽥거리는 오리 목소리라든지, 아니면 매력적인 미니 마우스의 연극하는 듯한 목소리로 말이다.

이처럼 단순하고 일견 우습기도 한 피칭 기술은, 우리의 뇌가 2가지 반대되는 감정을 동시에 느끼지 못한다는 것을 이용하는 기술이다. 내면의 대화는 자신의 목소리로 들리기 때문에 우리를 두렵게 하는데, 보기만 해도 웃음이 터지는 캐릭터가 우리를 공포에 빠트리려고 혼신의 힘을 다해 노력하는 목소리를 듣다 보면 내면의 대화가 우습게 느껴진다. 나이 든 환자들 가운데 몇몇은 이 기술을 처음 시도하고 나서 공포를 받아들이지 못하겠다고 불평했다. 이 기술을 사용해본 사람은 누구든 공포를 진지하게 받아들이는 것이야말로 공포가 널리 번져 나가게 하는 주된 원인 가운데 하나임을 금세 이해하게 될 것이다.

공포는 과자를 사주지 않는다고 슈퍼마켓에서 큰 소리로 울며 바닥에 누워버리는 어린아이와 비슷하다. 만일 당신이 이렇게 행동하는 아이를 진지하게 대하면 아이는 자신의 뜻이 받아들여졌다고 생각할 것이다. 이 아이는 당연히 이런 행동을 더 자주 할 것이다. 반대로 당신이 그런 태도를 무시해버리면, 아이는 곧 그런 행동을 그만두고 과자가 먹고 싶으면 하나 사달라고 예의 바르게 묻는 태도를 보일 것이다.

당신이 느끼는 공포의 패턴을 멈춰버리기 위해 어떤 기술을 사용할지는 결국 당신이 선택할 몫이다. 많은 사람이 밀어내기 기술을 썼을 때 뇌가 스스로 부정적인 생각들을 긍정적인 형태로 바꾸는 것에 매료됐다. 그런가 하면 부정적인 생각을 그대로 품고 있되, 피칭 기술을 동원해서 우스꽝스럽게 만들어 결국 부정적인 생각들이 더 이상 부정적인 에너지를 담지 못하게 하는 것이 더 쉬웠다고 말하는 사람들도 있다.

약간만 연습하면 이 모든 기술을 일상에 통합시켜 공포를 불러일으키던 생각에서 빠져 나올 수 있다. 내 환자들은 피칭 기술을 실행할 때 시각적인 통로를 보조로 사용하기도 했다. 작고 우스꽝스러운 만화 캐릭터가 머릿속에서 말하기 시작하는 게 아니라, 머릿속에서 뛰쳐나와 요란스러운 몸짓을 하며 당신 앞에서 움직이고 있다고 상상해보라. 캐릭터가 우둔할수록, 그리고 목소리가 웃길수록 이 기술은 더 큰 효과를 발휘한다. 미키 마우스든 스머프든 아니면 다른 만화 캐릭터든 당신이 알아서 선택하라. 캐릭터가 우스꽝스러울수록 결과는 훨씬 좋아진다. 여기에서 중요한 것은 당신이 공포를 느끼기 시작할 때 내면에서 이야기하는 내용과 동일한 내용을 캐릭터가 말해야 한다는 점이다. 누군가 당신을 좋은 말로 설득하는 게 중요한 게 아니라, 지금까지 당신이 자신의 생각으로 당신 자신을 공포에 빠트리게 했다는 사실을 인지하는 게 중요하다. 자신을 공포에 떨게 했던 똑같은 말이 미키 마우스의 목소리를 통해 나오면 더 이상 공포는 아무런 영향력을 발휘하지 못한다.

이런 식으로 생각을 바꾸는 것을 심리학에서는 '분열 dissociation'이라고 부른다. 분열한다는 말은, 비판적으로 관찰하기 위해서 뭔가로부터 거리를 두는 것을 의미한다. 이런 과정을 거치면 지금 말하는 것이 정말 진실에 부합하는지 아니면 우리가 쓸데없는 잡담에 신경쓰고 있는 것인지 시험하는 게 훨씬 쉬워진다.

최근에 피칭 기술을 시도했던 환자가 다음 번 면담 시간에 행복한 모습으로 나타나 나에게 아이들이 즐겨 먹는 초콜릿 '킨더 서프라이즈'에 나오는 작은 캐릭터를 보여주었다. 낫을 들고 있는 작은 스머프로, 죽음과 질병을 끊임없이 두려워하는 모습을 상징적으로 보여주는 캐릭터였다. 그는 며칠 전부터 이 작은 장난감을 가지고 다니는데, 내면에서 고통을 불러일으키는 대화가 불쑥 나타나면 스머프의 목소리로 듣기 위해서라고 했다. 그는 자신의 부정적인 생각을 작고 파란 스머프가 종알거린다고 말하며 조용히 웃기까지 했다. 1주일 전만해도 두려워서 아드레날린이 방출되었던 생각이 이제는 그를 미소 짓게 만들고 있다.

촉각적 공포에서 벗어나는 기술

2014년 1월쯤 72세가 된 할머니가 찾아왔다. 할머니는 나를 찾아오기 전에 전화로 말하기를, 넘어질까 봐 너무 두렵다고 했다. 치료실 복도에 발을 들여놓았을 때부터 할머니는 넘어지지 않으려고 벽을 꼭 짚고 있었다. 할머니는 진료실에 들어오자마자 바로 곁에 있는 등받이 의자를 꼭 붙들었다. 그러면서 지속적인 현기증 때문에 아주 힘들다고 얘기했다. 이런 증상은 특히 나이 든 사람들에게서 자주 볼 수 있다. 10년 전부터 할머니는 병원이라는 병원에는 모두 가보았으나, 그 누구도 자신을 돕지 못했다고 했다.

나는 할머니가 서 있는 동안에 현기증이 어떤 상태로 느껴지는지 상세하게 설명해달라고 부탁했다. 할머니의 증상은 왼쪽에서 오른쪽으로 흔들거리는 현기증으로, 마치 물결을 따라 떠내려가는 배 위에 있는 것 같다고 했다. 그래서 나는 현기증이 왼쪽에서 오른쪽이 아니라 앞뒤로 왔다 갔다 하는 것처럼 나타난다고 상상해보라고 부탁했다. 할머니는 온 힘을 다해 머리를 앞과 뒤로 흔들거리는 데 집중했다. 몇 초 후 정말 할머니의 상체가 약간 앞뒤로 흔들리는 모습을 관찰할 수 있었다. 그래서 나는 의자 등받이에서 손을 떼고 몇 발짝 걸어가보라고 부탁했다. 할머니는 잠시 머뭇거리다가 몇 발짝 걷더니 당황해서 그 자리에 멈춰 섰다. 그러고는 뒤로 돌아 다시 몇 발짝 걷더니 이해할 수 없다는 표정으로 나를 바라보았다. "선생님, 이게 어째서 가능하지요? 현기증이 사라졌어요!" 할머니는 다시 몇 발짝 걸었지만 여전히 어지럽지 않다고 했다. 나는 할머니에게 자리에 앉으라고 했다. 그러곤 자신에게 무슨 일이 일어난 것인지 이해하지 못하는 할머니에게 이 사소한 연습이 뇌에서 어떻게 작용하는지 설명해주었다.

공포로 인해 생기는 현기증도, 지속적인 현기증도 균형을 담당하는 속귀(내이)의 기관과는 아무런 상관이 없다. 이 2가지 형태의 현기증은 오로지 뇌 때문에 생긴다. 그래서 뇌에 의해서만 사라지게 할 수 있다. 당신의 뇌가 왼쪽에서 오른쪽으로 흔들리고 있다고 당신에게 인지시킨다면 정반대 자극을 주면 된다. 그러니까 앞뒤로 흔들거리고 있다고 상상하는 것이다. 그런데 뇌는 2가지 자극을 동시에 실행할 수 없기 때문에 이 2가지 자극이 서로를 지워버리는 효과가 나타난다.

서로 반대되는 방향의 자극이 사라지는 현상은 결코 새로운 것이 아니다. 물리학에서는 이미 오래전부터 잘 알려져 있는 사실이다. 하나의 음파는 주파수를 이동시켜서 만들어낼 수 있는 반대 음파를 통해 완전히 사라져버린다. 하나의 운동은 반대되는 운동을 통해 정지된다. 약간만 연습하면 누구나 정신으로 인해 야기된 신체적 증상들을 의식적으로 인지하고 반대로 조정해서 이를 제거할 수 있다.

72세의 내 환자는 면담이 끝나고 나서 반대 자극을 주는 연습을 열심히 했고, 마침내 현기증을 거의 극복해냈다. 그러면서 현기증으로 인해 처방받은 약을 모두 끊었다. 당연히 할머니의 상태는 매주 더 좋아졌다. 3개월 후 시내에서 만났을 때, 할머니는 가득 찬 시장 바구니를 들고 나를 보며 환하게 미소 지었다. 아무런 문제없이 어디에든 갈 수 있는 지금, 할머니는 지난 수년 동안 하지 못했던 모든 것을 뒤늦게나마 즐기고 있다.

반대 자극으로 공포를 상쇄시킨다

불쾌한 신체적인 증상은 다양한 모습으로 나타난다. 이를 멈추려면 반대 자극을 주면 된다. 운동 방향 외에도 온도(뜨거운 혹은 차가운), 압박 형태(뾰족한 혹은 평평한), 팽창 형태(좁게 혹은 넓게), 색깔(빨간색 혹은 파란색), 밝기(밝은 혹은 어두운) 등 자극의 형태는 다양하다. 처음에는 매우 이상하게 보일 수도 있지만 불쾌한 느낌을 상세하게 관찰할수록 반대되는 자극을 보다 효과적으로 찾아낼 수 있어서 그런 증상을 영원히 제거하는 게 훨씬 수월해진다.

다음에 소개할 반대 자극을 연습한다면, 공포로 인해 야기되는 신체 증상을 간단히 멈추게 할 수 있을 것이다.

현기증

- 왼쪽/오른쪽으로 느끼는 현기증은 앞/뒤로 현기증을 상상

함으로써 멈출 수 있다.

- 앞/뒤로 느끼는 현기증은 왼쪽/오른쪽으로 현기증을 상상 함으로써 멈출 수 있다.

- 왼쪽으로 회전하는 현기증은 오른쪽으로 회전하는 현기 증으로 상상함으로써 멈출 수 있다.

- 오른쪽으로 회전하는 현기증은 왼쪽으로 회전하는 현기 증으로 상상함으로써 멈출 수 있다.

한쪽으로 쏟아붓는 느낌

- 앞쪽으로 쏟아붓는 느낌은 뒤쪽으로 버리는 상상을 함으 로써 멈출 수 있다.

- 뒤쪽으로 쏟아붓는 느낌은 앞쪽으로 버리는 상상을 함으 로써 멈출 수 있다.

- 왼쪽으로 쏟아붓는 느낌은 오른쪽으로 버리는 상상을 함 으로써 멈출 수 있다.

- 오른쪽으로 쏟아붓는 느낌은 왼쪽으로 버리는 상상을 함 으로써 멈출 수 있다.

발밑의 땅이 푹 꺼지는 느낌

- 발밑의 땅이 푹 꺼지는 느낌이 든다면 발을 땅에 디디자 마자 땅 전체가 들어 올려진다고 상상하라. 연극을 보면 가끔 무대가 위로 올라오는 것처럼 말이다.

팔과 다리에서 벌레가 기어가는 느낌

- 밑에서 위로 개미가 기어 올라오는 듯한 느낌은 위에서 밑으로 기어 내려가는 듯한 느낌을 통해서 멈출 수 있다 (또는 반대로).

특정한 색이 떠오르는 느낌

- 빨간색이 느껴지면 파란색 느낌을 상상한다.(보색 관계)

몸으로 올라오는 열기

- 몸으로 열기가 올라오는 느낌이 들면 얼음처럼 차가운 물로 샤워를 하고 있고 차가운 물이 밑으로 흘러내려 열기를 앗아가는 상상을 한다. 정말 차가운 물로 샤워할 필요

는 없다. 우리의 상상으로 인해 발생한 열감이기 때문이다. 그렇게 상상하는 것이 너무 어렵게 느껴진다면, 머리만 차가운 물로 샤워하는 것으로도 충분하다.

목이 답답한 느낌

• 목이 답답한 느낌을 상세하게 말해보라. 목둘레를 따뜻하고 무겁게 누르고 있는, 꽉 끼는 목걸이를 두르고 있는 느낌과 비슷한가? 그렇다면 당신이 숨 쉬는 기관에 서늘하고 매끈한 금속관이 있어서 이것이 천천히 팽창해 목걸이의 에너지를 저지하고, 마침내 목걸이에 균열이 생겨서 끊어지는 상상을 해보라. 깊게 호흡하고 이 연습을 끝내도록한다.

가슴이 답답한 느낌

• 가슴이 답답한 느낌을 설명하라면 흔히 가슴을 완전히 꽉조여 맨 벨트를 한 것 같다고 묘사한다. 이때는 다음과 같은 상상을 집중적으로 하면 도움이 된다. 당신의 갈비뼈는

강철로 돼 있는데, 이것에 달려 있는 단추를 누르면 가슴의 크기를 자유자재로 조절할 수 있다. 언제든 강철 갈비뼈를 확대시켜 벨트를 찢어버리면 된다. 그러면 즉시 자유롭게 숨을 쉴 수 있다.

위에서 느껴지는 압박감

• 압박감이 어디에서 시작되는 것 같은가? 날카롭게 찌르는 통증이 밖에서 안으로 들어오는가, 아니면 위 전체가 안쪽으로 오그라들어서 어둡고 차가운 덩어리처럼 되는 느낌인가? 첫 번째의 경우에는, 날카로운 부분의 방향을 달리해서 내부에서 외부로 누른다고 상상하라. 뾰족한 부분이 내부에서 외부로 누르는 모양을 그림처럼 상상해보라. 고통이 어떻게 변하는가? 어둡고 차가운 덩어리는 당신의 위가 밝게 빛나기 시작하고 복강에서 점점 팽창해 편안한 온기를 내뿜고 있다는 상상을 함으로써 사라질 수 있다.

이 모든 것은 불편한 느낌이 들 때 실행해볼 수 있는 방법들의 예시에 불과하다. 당신의 신체에 어떤 증상이 느껴지는지 직접 살펴보라. 이를 세부적으로 분석하고 그에 따라 적절하게 변화시키면, 그런 느낌을 점점 통제할 수 있게 될 것이다. 재미있는 실험을 한다고 치고, 어떤 강렬한 반대 느낌 혹은 어떤 강렬한 반대 장면이 가장 효과가 좋은지 시험해보라. 이런 연습을 할 때 설사 무언가 잘못되더라도 손해 볼 일은 없다. 지금까지 당신이 생각했던 방식이야말로 당신에게 좋지 않다. 건강에 좋지 않은 낡은 사고 패턴을 깨버릴 수 있는 노력은 그것이 어떤 것이든 간에 당신에게 도움이 된다. 그 결과, 진짜 당신에게 위협이 되는 일이 일어났을 때만 공포가 엄습하는 정상적인 삶으로 점차 돌아갈 수 있을 것이다.

　이런 변화가 나타나더라도 역시 인내심을 가져야 한다. 이 모든 기술을 당신이 완벽하게 다룰 수 있을 때까지 꾸준히 연습해야 한다. 의식적으로 불편한 느낌을 자주 통제할수록 보다 빨리 성공할 수 있으며 원하는 효과가 더 오랫동안 지속된다. 그러니 불편한 느낌이 생길 때마다 이런 기술들을 연습하기 바란다.

정신이 신체를 지배하듯 신체도 정신을 지배한다

누군가가 우울해하거나 화가 나 있거나, 사랑에 빠졌거나 죽을 듯이 피곤해하는 것을 자주 본다. 인상뿐만 아니라 몸의 자세만 봐도 그 사람이 어떻게 느끼는지 알 수 있다. 이처럼 정신적인 상태는 우리의 자세에 확실히 영향을 준다. 이런 장치가 거꾸로도 작용할까? 자세나 표정을 바꿈으로써 우리의 정신에 영향을 줄 수 있을까?

이와 관련, 독일의 심리학자 프리츠 슈트라크는 1988년 흥미진진한 실험을 고안해냈다. 그는 실험군을 둘로 나눠 한 그룹에게는 만화를 읽게 하고 만화가 얼마나 재미있는지 점수를 매겨달라고 부탁했다. 두 번째 그룹 역시 만화에 대해 평해야 했지만 또 다른 과제를 받았다. 이들은 만화를 읽는 동안 연필을 입에 물고 있어야 했다. 실험 결과에 따르면, 연필을 입에 물고 만화를 본 그룹은 다른 그룹에 비해 만화가 훨씬 더 재미있다는 평가를 내렸다. 이와 비슷한 실험이 1990년대에 세계 곳곳에서 이뤄졌는데, 모두 동일한 결과가 나타났다. 즉, 정신이 우리 신체를 통제할 뿐 아니라 의식적으로 취하는 자세도 정신적인 상태에 막강한 영향을 미쳤다.

　도대체 연필을 입에 무는 행동에는 무슨 비밀이 숨겨져 있을까? 한번 직접 시험해보라. 연필을 입에 대고 치아로 꼭 물어보라. 이런 모습으로 거울을 보면 자동적으로 즐거운 표정을 짓게 된다. 연필을 어금니로 물고 있으면 앞니로 물고 있을 때보다 긍정적인 효과가 훨씬 더 분명해진다. 이렇게 하면 깔깔 웃을 때 사용하는 근육과 동일한 근육이 긴장한다. 이런 상태를 유지하면 근육이 가지고 있는 기억이 뇌에 특정한 정보를 전달한다. 바로 이런 정보다. "나는 웃고 있어. 그러니 나는 기분이 좋아!" 이 순간 당신이 전혀 기분 좋은 상태가 아니라면, 뇌는 즉각 의견을 내보낸다. "헛소리 집어치우시지. 내 기분은 지금 막장 드라마야!" 하지만 당신이 연필을 계속 물고 있으면 근육의 기억은 계속 반대되는 정보를 보낸다. 대략 2분 정도 지나면 뇌는 저항을 포기하고 근육이 지속적으로 전달하는 정보에 적응하기 시작한다.

　사실 신체와 정신은 평생 서로 조화를 이루는 연습을 해왔다. 심리학에서는 이런 현상을 두고 '체현embodiment'이라고 한다. 다음번에 공포가 밀려오면 습관처럼 진정제를 입에 넣기 전에 5분 정도 연필을 물고 이런 연습을 해보기 바란다. 조금만 인내심을 가지고 연습하면 약을 먹은 것과 비슷한 효과가 나타날 것이다. 게다가 부작용이 하나도 없다.

파워 포즈 이용하기

미국의 사회심리학자인 에이미 커디는 소위 말하는 파워 포즈를 통해 체현의 힘을 이용하는 방법을 찾아냈다. 이는 우리가 아주 좋은 상태일 때 취하는 자세를 이용한 방법이다. 정신 상태가 좋지 않을수록 이 방법을 사용했을 때 그 효과가 탁월하게 나타난다. 커디는 파워 포즈를 취하기 전과 취한 다음에 혈액을 채취해서 혈액의 상태에 긍정적인 효과가 나타나는지 시험해봤다. 연구 결과 단순히 자세만 바꿨을 뿐인데도 몇 분 만에 혈액에서 스트레스를 나타내는 중요한 특징들이 줄어들었다는 사실이 증명됐다.

커디의 파워 포즈는 독일에서 "사장 자세"라고도 불린다. 편안한 의자에 앉아 두 팔은 머리 뒤로 깍지를 끼고 발을 높이

들면 된다. 책상과 의자를 이용하면 쉽게 이런 자세를 취할 수 있다. 다리를 높이 올릴수록 이 자세의 효과는 커진다. 이 자세를 취하고 적어도 2~5분 정도 유지해야 한다. 이 자세를 취하는 동안, 테스토스테론 수치는 눈에 띄게 높아지고, 반대로 코르티솔 수치는 확실히 내려간다. 코르티솔은 스트레스를 받으면 방출되는 호르몬이다. 이 방법은 기분에 직접적인 영향을 미친다. 이런 자세를 5분 동안 취해도 그런 느낌을 받지 못할 수도 있다. 하지만 계속 연습하다 보면 약간씩 좋아지는 것을 반드시 느낄 수 있을 것이다.

실제로 긍정적인 효과가 있는지 알아보려면 이렇게 하라. 연습을 시작하기 전에 1에서 10까지 공포나 우울증을 느끼는 정도를 기록한다. 1은 부정적인 감정을 거의 느끼지 않는 상태이고, 10은 특히 기분이 무거운 상태다. 파워 포즈를 끝내자마자 자신의 기분을 살펴보고 상태가 개선되었는지 기록한다. 내 환자들은 공포나 우울한 기분이 10에서 7 혹은 8까지 떨어진다고 했다. 대부분의 경우, 효과적이다.

"공포의 약점을 찾아 공격하라!"

- 우리는 의식하지 못하지만 불안이 찾아오는 데는 특정한 패턴이 있다. 시각적 통로, 청각적 통로, 촉각적 통로가 대표적이다.

- 공포의 약점을 찾아내기 위해서 공포가 엄습하기 전에 머릿속에 떠오르는 문장 2개를 적어보라. 이어서 행복했던 기억 2가지를 찾아내 종이에 써보자. 이것은 시각, 청각, 촉각으로 각각 구분하여 적는다. 그런 다음 부정적인 기억과 행복한 기억이 어떻게 어떤 방향으로 느껴지는지 3가지 감각을 관찰하라.

- 시각적 패턴을 차단하기 위해서는 우리의 뇌가 나쁜 장면을 왼쪽으로 받아들이는지 오른쪽으로 받아들이는지 파악한 다음, 나쁜 쪽으로 받아들이는 쪽에서 좋은 쪽으로 받아들이는 쪽으로 장면을 밀어내면 도움을 받을 수 있다.

  빠른 장면을 느리게 보는 슬로모션 기술을 사용할 수도 있다.

- 청각적 패턴을 차단하기 위해서는 우리의 뇌가 부정적인 소리를 왼쪽으로 받아들이는지 오른쪽으로 받아들이는지 파악한 다음, 부정적인 소리를 긍정적인 소리를 듣는 쪽으로 밀어내는

기술을 사용하면 도움을 받을 수 있다.

작고 웃기는 만화 속 캐릭터를 설정해 이 캐릭터가 머릿속에서 떠오르는 생각을 말하게 하는 피칭 기술을 사용할 수도 있다.

• 촉각적 패턴을 차단하기 위해서는 반대 자극을 주는 기술을 사용하면 도움을 받을 수 있다.

정신이 신체를 지배하듯 신체가 정신을 지배하기도 하기 때문에 파워 포즈를 이용해볼 수도 있다.

6장

마침내
공포로부터 해방

즐겁고 가벼운 마음으로
인생을 살아가기 위해서는

우리의 뇌는 우리가 인지한 모든 것을 시냅스 연결 형태로 저장한다. 뇌에 좋은 '영양분'은 건강을 되찾고 즐겁게 살아가는 데 큰 도움이 된다. 나는 팟캐스트에서 이에 관한 정보를 제공하고 있다. 내 팟캐스트를 들은 사람들에게 메일을 많이 받기도 했다. 이들은 무료로 제공되는 팟캐스트의 내용을 잘 따라 하기만 했는데도 몇 개월 혹은 몇 년 동안 받은 심리치료보다 더 도움이 되었다고 했다.

이 책을 여기까지 읽은 사람들은 이미 뇌가 변하기 시작했을 것이다. 이런 주제를 읽고 이해하려고 노력하는 행동 자체가 이미 수천 개의 시냅스를 만들어냈기 때문이다. 이런 시냅스에는 변화는 언제든 가능하며, 즐겁고 가벼운 마음으로 인생을 살아갈 수 있다는 정보가 들어가 있다. 당신이 책에서 제시한 연습을 시작했다면 효과는 더 좋을 것이다. 이미 어느 정도 성공을 거뒀을 수도 있다. 그 결과, 언젠가는 공포가 사라질 것이라는 희망을 품게 되었을지도 모른다. 두려움과 공포가 완전히 사라졌다면, 이런 성과가 계속 유지되도록 하기 위해 몇 가지 주의해야 할 사항이 있다.

행복을 만드는 것도, 두려움을 만드는 것도 나 자신

내 환자들은 6~12주 정도 연습하자 대부분 두려움과 공포에서 자유로워졌다. 물론 의사로서 내가 곁에 있었고, 환자들과 일대일 면담을 하는 시간에 연습이 이루어졌다. 얼마 전부터 나는 그룹 워크숍을 열고 있다. 이 그룹 워크숍은 여러분이 참석해봤던 그런 그룹 치료와는 전혀 다르다. 내가 진행하는 그룹 워크숍에서는 이 책에 소개된 훌륭한 기술들을 연습하는 것은 물론, 이 책에서는 소개할 수 없었던 일련의 기술과 충고들을 알려준다.

공포를 극복하고 싶다고 해서 반드시 이 그룹 워크숍에 참석해야 하는 것은 아니다. 이 그룹 워크숍은 다만 내가 소개한 기술들을 적용하는 데 어려움을 느끼거나 전문가의 도움을 받아 보다 빨리 자신의 목표를 달성하고 싶은 사람들을 위한 것이다. 이런 도움을 받지 않더라도 당신 혼자 힘으로 충분히 공포를 극복할 수 있다.

이 책에 소개된 모든 기술과 훈련은 최근에 뇌 연구를 통해 밝혀진 지식을 바탕으로 한다. 우리는 병든 생각을 할 수 있을 뿐만 아니라 건강한 생각도 할 수 있다. 이는 과학적으로 증명된 사실이다. 빠르고도 지속적으로 회복하는 데 있어 결정적으로 중요한 것은 소위 말하는 '집중-통제focus-control'이다. 그것이 무엇이든 간에 당신이 집중하는 것이 당신의 삶에서 더 많은 부분을 차지한다. 그러니 이미 이룬 성공에 집중하면, 앞으로 더 큰 성공을 거둘 수 있을 것이다. 성공하지 못한 날들에 주의를 기울이면, 이런 날들이 늘어날 수밖에 없다.

당신이 1주일 내내 공포와 두려움 없이 보내는 데 성공한 뒤, 그 효과가 약간 떨어졌다고 치자. 상황이 어떻든 간에 앞으로 어떻게 될지 당신이 어떻게 생각하는가가 결정적으로 중요한 역할을 한다. '이런 짓은 전혀 의미 없어. 나는 절대 건강해지지 않을 거야'라고 생각한다면, 당신은 증상이 호전되는 게 아니라 역전되는 경우에 주의를 집중하는 것이다. 그리고 이는 당연히 당신의 삶에 부정적인 영향을 준다.

이와 반대로 이미 성공했다는 데 집중한다면, 예를 들어 몇 달 만에 혹은 몇 년 만에 처음으로 1주일 내내 공포심이 엄습하지 않았다는 사실에 집중한다면, 당신의 잠재의식은 이렇게 생각할 것이다. '와, 지금까지 거둔 성공만으로도 엄청나. 이번에 성공하지 못한 것은 단지 약간 물러선 것일 뿐이야. 내 뇌가 한번에 프로그램을 완전히 바꿀 순 없으니까 말이야. 그래도 나는 계속 연습할 거야. 1주일 만에 한 걸음 나아갔다면, 곧 두 걸음 세 걸음을 나아갈 수 있을 거야. 그리고 언젠가는 공포와 두려움을 완전히 극복하게 되겠지.'

두려움 없는 행복한 삶은 특별한 사고방식에서 시작된다. 하지만 유감스럽게도 이런 방식을 가르쳐주는 학교나 사회는 없다. 스스로 훈련하는 수밖에 없다. 당신의 뇌가 긍정적인 본보기를 충분히 선례로 삼을 때까지 훈련하는 수밖에 없다. 이렇게 하기 위해서 한 번쯤 당신 주변을 살펴볼 필요가 있다. 당신이 매일 어떤 사람들과 교류하고 있는지 말이다. 미국의 동기 부여 트레이너 짐 론은 이렇게 말했다. "우리 삶은 우리가 대부분의 시간을 함께 보내는 다섯 사람의 평균치다."

그렇다고 너무 걱정할 필요는 없다. 당장 지금 함께 살고 있는 배우자나 아이들을 쫓아내야 한다는 말이 아니다. 하지만 이 다섯 명이 누구이며, 이들이 얼마 전의 당신처럼 변화를 두려워하는 것은 아닌지 깊이 생각해봐야 한다. 친척이나 지인들 가운데 이미 결정적으로 중요한 성공을 거둔 누군가가 있을지도 모른다. 만일 당신이 이 사람과 오래전부터 교류하지 않았다면, 지금이 바로 최적의 시점이다. 그 사람과 다시 자주 교류할 시점이라는 말이다. 자신의 삶을 향상시키려는 준비가 되어 있는 사람들, 자신의 목표를 지속적으로 추구하기 위해 불평하거나 비방하는 사람들, 게으른 사람들을 주변에서 떼어내는 사람들. 이런 사람이라면 누구든 당신에게 아주 훌륭한 본보기가 되어줄 것이다. 그러니까 언제나 만나기만 하면 모든 것이 얼마나 어렵고 부당한지 불평이나 늘어놓고, 그런데도 그런 부당함을 바로잡을 행동은 하나도 하지 않는 사람에 비해서 훨씬 좋은 사람이라는 뜻이다. 우리는 모두 자신의 행복을 직접 만들어 나가는 대장장이다. 지금, 그러니까 당신이 행동하는데 필요한 도구들을 가지게 된 지금, 더 이상 머뭇거리지 말고 행복을 만드는 대장장이의 일을 시작하라.

계속하라, 그렇게 하면 된다!

8년 전 미국에 연수를 받으러 갔다가 10개의 문장 방법을 알게 되었을 때, 그 효과에 나는 완전히 감동했다. 그래서 이 방법을 내 삶에서 철저하게 실천하기로 다짐했다. 이때부터 나는 나만의 성공 일기장을 쓰고 있다. 이 안에는 항상 실현되지 않은 10가지 소망이 들어 있다. 나는 매주 서너 번 시간을 내서 자러 가기 전에 머릿속으로 10개의 문장을 떠올려본다. 이 가운데 하나의 소망이 이뤄지면, 그 문장 끝에 스마일 표시를 하나 그려넣고 새로운 문장을 하나 기록한다. 그러면 다시 원하는 소망 10가지가 된다. 지난 8년 동안 스마일 표시를 하나도 그려넣지 않고 지나간 달이 한 번도 없었다.

만일 내가 이 훈련을 지속적으로 하지 않았다면 내가 소망하는 것을 30가지도 이루지 못했을 것이다. 내 일기장을 살펴보면 알겠지만, 나는 이제까지 목표를 100개 이상 달성했다. 이에 자부심마저 느낀다. 목표를 이루는 과정은 내 삶을 보다 아름답고 편안하고 흥미진진하며 만족스럽게 만들어주었다. 물론 특별한 소망들은 몇 년 동안 나의 목록에 그대로 있었다는 사실도 인정한다. 이런 소망 뒤에 스마일 표시를 그려 넣기까지는 많은 노력이 필요했다.

가끔 만나는 지인들은 이렇게 말하곤 한다. "믿을 수 없군. 지난번에 만난 뒤에 이렇게 많은 것을 이루었단 말이야?" "어떻게 다 해냈어?" 이런 질문을 받을 때면 나는 시간을 내서 그들에게 비밀을 가르쳐준다.

당신에게 해주고 싶은 충고는 이러하다. 계속해야 한다. 두려움이나 공포에서 자유로워졌더라도 적어도 1주일에 두세 번은 10개의 문장으로 계속 연습해야 한다. 나는 내 삶을 보다 아름답고 충만하게 만들 수 있는 더 나은 방법을 알지 못한다. 그래서 나 역시 이 책에 소개한 모든 기술을 규칙적으로 직접 행하고 있다. 물론 삶이 힘들어졌을 때 이런 지식들을 이용할지 여부는 당신의 선택에 달려 있다.

충고는 이미 성공한 사람에게서 들어라

많은 사람이 특정한 방식을 따른다고 해서 결코 그 방법이 옳다고 할 수는 없다. 어떻게 해야 하고 어떻게 그만둬야 할지에 대한 충고를 듣고 싶다면 내가 가고 싶은 지점에 이미 가 있는 사람을 찾아보라. 당신이 충고나 행동에 대한 지시를 받으려는 사람이 있다면 꼼꼼히 살펴봐라. 그 사람은 당신이 살고 싶은 바로 그런 삶을 영위하고 있는가? 아니라면 그 사람에게서 충고를 들을 필요가 없다. 어떻게 해야 하는지 그 자신도 모르고 있을 게 분명하니까 말이다.

이와 관련해서 나의 지인들 가운데 한 사람이 대략 1년 전 파티에서 겪었던 일이 좋은 예가 될 것 같다. 그는 이 파티에서 자산 컨설팅 전문가를 만나 대화를 나누었다. 대화가 끝날 때쯤 이 전문가가 나중에 다시 한 번 만나자는 제의를 했다. 내 지인에게 빨리 재산을 늘릴 수 있는 방법을 가르쳐주겠다는 것이었다. 이 전문가는 매우 호감이 가는 사람이었기에 내 지인은 승낙하고 1주일 후에 두 사람은 다시 만났다.

일주일 후, 카페에서 만난 두 사람이 카푸치노를 시키고, 내 지인이 먼저 말을 꺼냈다. "본론으로 들어가기 전에 중요한 질문 2가지만 하겠습니다. 우선 당신은 이 분야에서 얼마 동안 일하셨나요? 그러니까 이 분야에서 경험이 어느 정도 되시나요?" 자산 컨설팅 전문가는 20년 동안 이 분야에서 일했다고 자랑스럽게 대답했다. 알 사람은 다 알 만한 컨설팅 회사 두 곳을 언급하며, 수년 동안 이곳에서 일했다고 했다. 그러고는 가슴을 쫙 펴더니 이 시장을 자신만큼 잘 조망하는 사람은 아마 없을 것이라고 장담했다.

"오, 멋집니다!" 내 지인은 두 번째 질문을 던졌다. "당신의 재산은 얼마나 됩니까?" 그러자 전문가는 당황해서 헛기침을 하더니 이렇게 답했다. "그게 말입니다. 지금은 내가 문제가 아니지요. 우리가 만난 이유는, 바로 당신의 재산을 늘리기 위한 것이라는 사실을 잊지 마세요." 그래서 내 지인이 말했다. "오해하지 마세요. 당신이 주장하듯 20년간 이 분야에서 일한 능력 있는 사람이라면 그동안 틀림없이 상당한 재산을 모으지 않았을까요? 만약 그렇지 않다면, 당신은 자신이 무엇을 하는지 잘 모르고 있고, 나한테 부적합한 컨설턴트일 게 분명하지요." 대화가 더 이상 이뤄지지 않았을 것은 보지 않아도 뻔한 결과다.

만일 당신이 누군가에게 충고를 얻으려 한다면, 그것이 돈에 관한 것이든, 여행할 장소에 관한 것이든, 아니면 건강에 관한 것이든, 무엇이든 간에 그와 관련해서 성공했음을 증명할 수 있는 사람에게 들어야만 한다.

왜 많은 심리치료사가 새로운 지식을 받아들이지 않는 걸까?

환자들과 두 번째 혹은 세 번째 면담을 가질 때쯤 자주 듣는 질문이 있다. "이 기술은 효과가 너무 빨리 나타나서 놀랄 정도입니다. 그런데 왜 더 많은 심리치료사가 이런 방법을 사용하지 않는 걸까요?"

아주 좋은 질문이다. 그 어떤 의사나 심리치료사도 당신을 의도적으로 돕지 않으려는 사람은 없다고 나는 확신한다. 이들은 당신을 조금이라도 빨리 돕기 위해 자신이 알고 있는 지식을 바탕으로 최상의 것을 시도한다. 그런데 유감스럽지만 이들의 지식은 12~15년도 더 됐다. 그렇다고 해서 이런 의사들이나 심리치료사들을 비난할 수는 없다. 그럴 수밖에 없는 이유가 있기 때문이다.

과학계에서 새로운 지식이 발견되면, 우선 이를 전문 잡지에 게재한다. 그래야 이 분야에 종사하는 다른 전문가들이 정보를 얻어서 실험을 계속할 수 있기 때문이다. 중요한 전문 잡지로 《네이처》와 《사이언스》를 꼽을 수 있다. 이곳에 실리면 전 세계에서 주목하고 계속 연구가 진행된다. 이들 잡지에 논문을 싣고 싶어 하는 과학자들이 넘쳐나서 혼잡할 지경이다. 이렇듯 수준 높은 잡지에 실리기 위해 하나의 논문은 다양한 비판을 거치고 수정되는데, 이 과정에 1~2년은 족히 걸린다.

마침내 논문이 잡지에 실리면, 다른 과학자들도 이 새로운 지식을 접하게 된다. 만일 이 새로운 지식이 그때까지 옳고 유효하다고 간주되었던 지식에 역행하면 과학자들은 자체적으로 과거의 지식이 틀렸다는 것을 증명할 연구를 실시한다. 이런 과정을 거쳐 새로운 지식에 대한 결론은 3~5년 후에나 나오게 되고, 운이 좋으면 '인정해줄 만한' 지식이라는 평가를 받게 된다. 그 결과, 이런 지식은 마침내 전문서적 출판사에 보내지고, 의사와 심리치료사가 될 세대들이 그 책을 가지고 배우게 된다.

그 과정에도 오랜 기간이 필요하다. 모든 교과서는 테스트를 거치고 다른 전공과 조화를 이뤄야 하기 때문이다. 이 과정이 또 몇 개월이 걸린다. 만일 그 지식이 그때까지의 의견들과 완전히 반대된다면, 수년이 걸리는 경우도 다반사다. 그러고 난 뒤에 교과 과정이 새로운 지시에 맞게 편성되는데, 이 과정도 1년은 더 걸린다.

마침내 새롭게 가르칠 내용이 준비되더라도, 이때까지 걸리는 시간이 5~8년이나 된다. 굳이 시간 문제를 따지지 않더라도 대학들이 각 과목에서 매년 완전히 새로운 교육 내용을 증설하기는 어렵다. 대학의 경제 여건에 따라 의대 신입생들이 새로운 이론이 담겨 있는 교과서를 배우기까지는 경우에 따라 한참 더 지나야 한다. 사정이 이렇다 보니 의대 신입생들이 5년을 더 공부해서 마침내 자신의 환자를 돌볼 때쯤 그가

지니고 있는 지식은 이미 12~15년 된 것일 수밖에 없다.

보다시피 그 누구도 의도적으로 낡은 지식을 전파하려고 한 것은 아니다. 정상적인 교육 사이클이 이렇게 돌아갈 뿐이다. 그런데 많은 사람들이 이런 사이클이 초래하는 결과를 간과하고 있다.

의사가 되기 전, 나는 거의 20년 동안 의학과 과학 전문 방송 기자로 일했다. 덕분에 나는 다른 이들보다 일찍 새로운 치료 방법을 알게 되는 행운을 얻었다. 게다가 몇 년 전부터 내 주변에 다양한 증상으로 나타나는 공포로 고통스러워하는 사람들이 있어서, 어떤 다양한 치료법이 있으며 공포로 고통받는 환자들이 진정 무엇을 바라는지 익히 알고 있었다. 유럽에서 거의 최초로 새로운 기술들을 도입해 보다 적합하게 다듬게 된 것은 모두 내가 기자로 일한 덕분이 아닐까 한다. 만일 지금까지 당신이 만난 심리치료사나 정신과 의사가 아직도 이 기술에 대해 들어보지 못했더라도 이해해주기 바란다.

올바른 동기 부여 전략을 선택하라!

예전에 나를 가르친 존경하는 선생님은 다음과 같은 멋진 말씀을 하셨다. "사람들은 딱 2가지 이유 때문에 변한다. 엄청 난 고통을 겪거나, 위대한 목표가 있을 때."

곰곰이 생각해보라. 당신도 지금까지 이 2가지 이유 중 하나로 변화할 힘을 얻었다는 사실을 발견할 수 있을 것이다. 모든 것을 다 바칠 만큼 반드시 가지고 싶은 것이 있다거나, 어떤 상황이 너무 고통스러워 오래 버틸 수 없을 때 사람들은 변할 준비를 한다.

그런데 공포로 힘들어하는 사람들은 대부분 오랫동안 견뎌내는 데 탁월한 모습을 보인다. 하지만 이렇게 세월이 흐르다 보면 새로운 목표를 세우고 이 목표를 단계적으로 달성하는 데 필요한 힘을 끌어내는 방법을 완전히 잊어버린다. 예를 들어, 마침내 원하는 직업을 얻게 된다면 어떻게 될지 상상해보라. 전혀 노동처럼 느껴지지 않고 마냥 좋아서 할 수 있는 일을 할 수 있는 직장이 지금 당장 생길 것이라고 상상할 수 없을지라도 당신도 어느 날 생활비를 스스로 벌 수 있는 직장에 다닐 것이다. 확신을 가지고 그렇게 말할 수 있다. 나를 찾아온 많은 환자가 그러했다. 요즘도 나는 워크숍에서 직장을 찾을 수 있는 힘을 갖도록 환자들을 도와주고 있다.

당장 어떤 일을 하고 싶은지 말하지 못하더라도 괜찮다. 당신의 뇌는 몇 년 전부터 문제만 보는 연습을 했을 테니까 당연한 결과다. 이와 반대로 해결책을 찾는 생각을 하려면 이제 다시 그 방법을 배워야만 한다. 많은 사람이 예나 지금이나 '현실적인' 목표를 세워야 한다고 믿는데, 이것은 참으로 큰 문제다. 이런 사람들은 위대한 목표를 꿈꾸지 않는다. 목표를 달성하지 못했을 때 안게 될 실망감이 두려워서 그렇다. 여기에서 놓친 것은 정말 위대한 목표들도 처음에는 당신에게서 실천하는 데 필요한 힘만을 꺼내온다는 사실이다.

이제 많은 사람이 안고 있고, 특히 공포로 힘들어하는 사람들이 흔히 경험하는 일반적인 문제를 얘기해보겠다. 똑같이 위대한 꿈을 품고 있는 100명의 사람이 있다고 상상해보라. 그런데 이들 가운데 97명은 수년 전부터 그런 꿈을 안고 살았지만 실현하는 데 실패했다. 무엇이 현명한 결정이라고 생각하는가? 97명에 합류해서 이런 말을 할 것인가? "간단한 게 아니라니까. 그렇게 많은 사람이 이미 시도했지만, 성공한 사람이 거의 없잖아." 이런 생각이 목표에 더 다가가도록 해줄까?

아니면 꿈을 실현한 나머지 세 사람에게 가서 꿈을 이루기 위해 다른 사람들과 달리 무엇을 했는지 물어볼 수도 있다. 그렇게 해서 한두 가지 암시를 얻을 수도 있다. 이를 통해 당신도 중요한 결정을 내릴 수 있을 것이다.

"행복을 만드는 것도 두려움을 만드는 것도 나 자신인 것을 잊지 마라!"

- 10개의 문장을 통하여 두려움과 멀어졌다고 하더라도 계속 연습해야 한다.
- 어떤 충고든 이미 그 일을 겪어보고 성공한 사람을 찾아가 들어야 한다.
- 사람들은 딱 2가지 이유 때문에 변한다. 엄청난 고통을 겪거나, 위대한 목표가 있을 때.
- 목표를 달성하지 못할 실망감에 미리 체념하지 말아야 한다. 변화를 두려워하면 아무것도 나아질 수 없다.

끝맺으며

몇 년 전 라디오 인터뷰를 한 적 있다. 그때 내 치료법을 한두 문장으로 요약해달라는 요청을 받았다. 당시 즉흥적으로 얘기했던 말은 이후 일을 하는 데 있어 내게 지침이 되었다. 나는 하루도 빠짐없이 환자들에게 이런 충고를 해준다.

"당신은 꿈에 그리는 삶을 살기 위해서 건강해져야 하는 것이 아니다. 마침내 건강해질 수 있도록, 꿈에 그리는 삶을 살기 시작해야 한다."

진심으로 바란다. 기쁨 넘치는 삶으로 한걸음 한걸음씩 나아가라. 그런 길을 가는데 이 책이 도움이 되어서 당신이 자신과 똑같은 고통을 안고 사는 사람에게 이 책을 추천해준다면, 나는 정말 기쁠 것이다. 사실 공포로 힘들어하는 사람들에게는 같은 경험을 한 사람이, 오래전 시도했어야 할 변화의 첫 걸음을 내디디는 데 중요한 기준이 된다.

이 책을 좀 더 보완하고 수정할 수 있는 비판이나 자극이 있다면 적극 환영한다. 만일 해줄 말이 있다면 다음 주소로 이메일을 보내주기 바란다.

Bernhardt@Panikattacken-loswerden.de

내 일이 좀 더 향상될 수 있는 제안을 해준다면 고마울 따름이다.

역자 후기

불안하지 않아도
삶 자체에 도움이 되는 책

이 책의 원제목을 그대로 번역하면 《공황장애와 그밖에 다른 불안장애에서 벗어나는 법!》이다. '공황장애'는 아직도 일반 사람들에게 생소하게 들릴 수 있다. 많은 사람들이 잠깐의 공황을 경험하기도 하지만 공황장애인지 인지하지 못하는 경우도 많다.

그러나 이 책을 끝까지 읽어보면 굳이 공황장애나 불안장애를 겪는 사람들에게만 해당하는 내용이 아니라는 걸 알 수 있다. 이 책은 좁게는 불안장애와 공황장애에서 탈출하는 방법을 제시하고, 넓게는 온갖 불안, 두려움, 공포를 느낄 때 적용할 만한 치료법을 제시한다. 이 책의 저자 클라우스 베른하르트는 독일에서 "불안 전문가Angstexperte"라고 불린다. 그에 따르면 온갖 트라우마, 노이로제, 공포증과 불안장애는 이 책에 나와 있는 10개의 문장으로 충분히 심리훈련을 하면 고칠 수 있다.

몇 가지 좋은 충고와 환자들의 사례를 들면서 이런저런 치료법을 소개하는 다른 책들과는 다르다. 저자는 우선 뇌가 작동하는 원리를 설명해준다. 뇌의 기능을 이해하고 나면 저자가 제안하는 치료법이 설득력 있다는 것을 알 수 있다. 심인성 질환은 바이러스에 감염되어 몸에 생긴 질병이 아니라, 우리의 마음가짐으로 인해서 생겨난 병이다. 심리를 좌우하는 곳이 어딘가 하면, 바로 우리의 뇌다. 그러니 뇌가 어떤 방식으로 작동하는지를 알게 되면, 심인성 질환을 조종할 수 있다.

인간이란 지극히 이성적인 존재라고 생각하는가? 행동을 스스로 결정하고 책임도 당당하게 진다고 생각하는가? 만일 그렇게 생각한다면 이 책을 꼭 읽어야만 한다. 이 책은 이성보다 열등하며 반대편에 있다고 생각하는 우리의 본성, 그러니까 우리의 잠재의식이나 직관이라는 것이 어떤 기능을 하며,

이것들이 보내는 신호가 우리의 병을 어떻게 만들어내는지를 과학적으로 설명한다.

이 책은 독일에서 출간된 지 거의 2년이 다되어 간다. 그럼에도 아직 독일에서 베스트셀러로 당당히 자리 잡고 있다. 유명 잡지인 《슈피겔Spiegel》과 《빌트Bild》의 베스트셀러 목록에 올라가 있으며 무려 15개국에 판권이 팔려 출간이 되거나 앞두고 있다.

번역자로서 나는 이런 책을 매우 좋아한다. 독자 여러분들도 불안이나 공포심에 시달리는 상황이 아닐지라도, 이 책을 읽고 나면 삶 자체에 도움이 된다는 것을 느낄 수 있으리라 확신한다.

—이미옥

참고문헌

1. **진찰 전 혈압상승, 공포가 혈압을 상승시키면.** T.V.Khan, S.S. Akhondi, T.W.Khan: White coat hypertension 긴장으로 인한 진찰 전 혈압 상승: relevance to clinical and emergency medical services personnel 임상 직원들과 긴급 의료 서비스 직원들과 관련하여. In: MedGenMed, p. 52. Review PMID 17435652(2007 년 3월 13일).

2. **자세는 우리의 정신에 어떤 효과를 미치는가?** Carney, D.,Cuddy, A.J.C.,&Yap, A. Power posing: Brief nonverbal displays affect neuroendocrine levels and risk tolerance, Psychological Science, 21, p.1363~1368(2010).

3. **생각이 어떻게 생물학적으로 저장되는가?** Auf der Suche nach dem Gedächtnis 기억을 찾아서: Die Entstehung einer neuen Wissenschaft des Geistes 정신에 관한 새로운 학문의 발견[탄생], Eric Kandel 박사, 파테온 출판사 (2007).

4. **항우울제의 효과에 관한 제이 퍼니어의 메타 연구.** 주로 대학병원에서 처방한 새 로운 자료를 분석한 이 연구는 펜실베이니아대학 Jay Fournier가 주도해서 이루어졌고, 미국의학협회 잡지에 발표됐다. Journal of American Medical Association, p. 47~53(2010년 1월 6일).

5. **특수한 사용으로 뇌의 구조는 어떻게 바뀌는가?** Acquiring "the Knowledge" of London's Layout Drives Structural Brain Changes published by Katherine Woollett, Eleanor A.Maguire. Current Biology, Vol. 21, Issue 24, p. 2109-2114(2010년 12월).

옮긴이 | **이미옥**

경북대학교 독어교육과를 졸업하고 독일 괴팅겐대학교에서 독문학 석사 학위를, 경북대학교에서 독문학 박사 학위를 받았다. 인문, 경제경영, 에세이 등 다양한 분야의 출판 기획과 번역 일을 하고 있다. 옮긴 책으로《불안의 사회학》《망각》《미쳐야 사는 남자》《인수푸》《히든챔피언》《기막힌 말솜씨》《자본의 승리인가 자본의 위기인가》를 비롯해 70여 권이 있다.

어느 날 갑자기 공황이 찾아왔다

초판 1쇄 발행 2019년 7월 10일
초판 6쇄 발행 2024년 6월 19일

지은이 클라우스 베른하르트
옮긴이 이미옥
펴낸이 유정연

이사 김귀분
기획편집 신성식 조현주 유리슬아 서옥수 황서연 정유진 **디자인** 안수진 기경란
마케팅 반지영 박중혁 하유정 **제작** 임정호 **경영지원** 박소영 **교정교열** 허지혜

펴낸곳 흐름출판(주) **출판등록** 제313-2003-199호(2003년 5월 28일)
주소 서울시 마포구 월드컵북로5길 48-9(서교동)
전화 (02)325-4944 **팩스** (02)325-4945 **이메일** book@hbooks.co.kr
홈페이지 http://www.hbooks.co.kr **블로그** blog.naver.com/nextwave7
출력·인쇄·제본 삼광프린팅 **용지** 월드페이퍼(주) **후가공** (주)이지앤비(특허 제10-1081185호)

ISBN 978-89-6596-328-8 03180

- 흐름출판은 독자 여러분의 투고를 기다리고 있습니다. 원고가 있으신 분은 book@hbooks.co.kr로 간단한 개요와 취지, 연락처 등을 보내주세요. 머뭇거리지 말고 문을 두드리세요.
- 파손된 책은 구입하신 서점에서 교환해 드리며 책값은 뒤표지에 있습니다.